100
clés pour
comprendre son
Chat

100
clés pour comprendre son
Chat

Roger Tabor

Auteur et présentateur
d'émissions sur les chats à la BBC

21 Rue du Montparnasse 75283 Paris cedex 06

En mémoire de mes chats
Tabitha et Leroy.
Roger Tabor

ÉDITION ORIGINALE

David & Charles Book
100 ways to understand your CAT
Copyright © 2005 Roger Tabor,
Angleterre

ÉDITION FRANÇAISE

Traduction
Sabine Rolland
avec la collaboration
de Anne-Claire Chappuis-Gagnon

Réalisation de l'ouvrage
Alinéa

Direction éditoriale
Catherine Delprat

Édition et coordination
Agnès Dumoussaud
assistée de Cécile Baillargeat

Direction artistique
Emmanuel Chaspoul assisté
de Cynthia Savage
et Jacqueline Bloch

Couverture
Michel Delporte,
dirigée par Véronique Laporte

© LAROUSSE 2006

ISBN 2-03-582252-1
Dépôt légal : mars 2006

Achevé d'imprimer en février 2006
chez KHL à Singapour, Asie.

Toute représentation ou reproduction, intégrale ou partielle, faite sans le consentement de l'auteur, ou de ses ayants droit, ou ayants cause, est illicite (article L.122-4 du Code de la Propriété intellectuelle).
Cette représentation ou reproduction, par quelque procédé que ce soit, constituerait une contrefaçon sanctionnée par l'article L.335-2 du Code de la Propriété intellectuelle. Le Code de la Propriété intellectuelle n'autorise, aux termes de l'article L.122-5, que les copies ou reproductions strictement réservées à l'usage privé du copiste et non destinées à une utilisation collective d'une part et, d'autre part, que les analyses et les courtes citations dans un but d'exemple et d'illustration.

Sommaire

ÊTRE UN CHAT, C'EST QUOI ? 6

AINSI SOIT-IL… ET FONCTIONNE-T-IL ? 8
1. Une allure toute féline
2. Un maître du saut
3. L'art de retomber sur ses pattes
4. Des yeux à faire bien des envieux
5. Des moustaches comme des radars
6. Ses oreilles ? Une pure merveille
7. Une fine gueule qui a du flair
8. Un étrange organe supplémentaire
9. De redoutables dents de carnassier
10. Griffes acérées et pattes de velours

UNE BÊTE… LOIN D'ÊTRE BÊTE 20
11. Un cerveau pas si sot
12. La régulation des émotions félines
13. Instinct, quand tu nous tiens !
14. Mémoire ou conditionnement ?
15. Curieux comme… un chat
16. C'est dans les gènes !

CHASSEUR MAIS CARNASSIER 28

PROPRIÉTÉ PRIVÉE, DÉFENSE D'ENTRER 30
17. Un territoire à géométrie variable
18. Je laisse ma trace, donc je suis
19. Un titre de propriété
20. La proie, cet objet du désir
21. « Jouer » avec sa proie
22. Avant le coup fatal…

UN CHASSEUR PRÊT À S'ÉVEILLER 38
23. Le chat : toujours à l'affût
24. De gros besoins de sommeil
25. Un sommeil différent du nôtre
26. Où et comment dormir ?
27. Les rituels du réveil
28. La toilette, c'est sacré !

FAMILLES DE CHATS 46

FÉLINITÉ, FÉMINITÉ, MATERNITÉ 48
29. Ces hormones qui la gouvernent
30. Accusés à tort de mœurs légères
31. L'accouplement
32. Lorsqu'elle attend des petits…
33. La venue au monde des petits
34. Une mère chatte

PETIT CHATON DEVIENDRA GRAND 56
35. Mâle ou femelle ?
36. Fraternité et rivalité
37. L'importance de la socialisation
38. Le sevrage, un cap décisif
39. L'initiation du futur chasseur
40. Jouer, jouer et encore jouer !

SE COMPORTER EN CHAT, C'EST QUOI ? 64

SOCIALISATION CHEZ LES CHATS HARETS 66
41 Rapports sociaux entre petits félins
42 Adultes, mais toujours joueurs !
43 Que de mimiques faciales !
44 Des oreilles qui en disent long
45 Jouer avec sa queue
46 Une queue parlante
47 Quelle allure impressionnante !
48 Des chats d'une timidité maladive
49 Je l'aime, mais quel pot de colle !
50 Les conflits territoriaux

GARE À LA BAGARRE ! 78
51 Ça chauffe entre mâles !
52 Se chamailler comme chat et chien
53 Je ne sais pas faire que miaou !
54 Parler chat
55 Attendrissants, les miaous silencieux
56 Le mystère du ronron
57 Un spécialiste du pétrissage
58 Menacer ou rassurer du regard

UNE VIE DE CHAT… DE COMPAGNIE 88

DOMESTIQUÉ, MAIS ÉTERNEL INSOUMIS 90
59 Une présence si agréable
60 Pourquoi le chat nous aime-t-il ?
61 Chat de gouttière ou chat de race ?
62 À chaque race sa personnalité ?

HISTOIRES DE RACES 96
63 Bizarreries de la « nature »
64 L'arrivée dans une nouvelle maison
65 C'est l'heure de mon repas !
66 Toilette…, ou toilettage ?
67 Communiquer avec son chat
68 Tout sur les chatières
69 Animal familier rime avec identité
70 Les voyages forment… les chats
71 Les foyers multichats
72 Il vieillit, lui aussi
73 Le stériliser et le vacciner
74 Les dangers du confinement
75 Une herbe aux pouvoirs magiques
76 Faire dodo avec son chat
77 Le chat vaut tous les médicaments
78 Toujours blotti sur nos genoux
79 Voulez-vous jouer avec moi ?
80 Les bonnes manières

GRANDS ET PETITS MAUX 118

LES CROISEMENTS NATURELS 120
81 Les puces : des hôtes indésirables
82 Tiques et autres parasites externes
83 Les parasites internes
84 La liberté n'a pas de prix
85 Il se nettoie toutes les cinq minutes…
86 Un carnivore qui aime la verdure ?
87 Il « fait » n'importe où
88 Mon chat n'enterre pas ses crottes !
89 Pipis indésirables dans la maison
90 Gare aux griffages sur les meubles !
91 Un grimpeur invétéré
92 Quand le jeu tourne mal
93 Parfois plus Mr. Hyde que Dr. Jekyll
94 Il se frotte sous votre aisselle
95 Des goûts parfois étranges
96 Quelles démonstrations d'affection !
97 Maître, j'ai un cadeau pour toi !
98 Chats en surpoids
99 Il fait la fine bouche !
100 Errance ou simple vagabondage ?

Index 142
Remerciements et crédits photographiques 144

Comment utiliser ce livre ?

Nous aimons les chats pour l'indépendance de leur caractère et de leur comportement, mais cela ne facilite pas leur étude ! Et pourtant, ce livre permettra de répondre à toutes les questions que vous vous posez, de mieux connaître cet animal énigmatique. 100 fiches numérotées, rédigées avec clarté et simplicité, vous expliquent toute la vie du chat et vous donnent les clés pour mieux le comprendre. Chaque fiche se termine par un renvoi qui vous invite à vous reporter à d'autres fiches du livre. Pourquoi les chats sont-ils ce qu'ils sont ? Vous le saurez bientôt en plongeant dans son univers fascinant.

ÊTRE UN CHAT, C'EST QUOI ?

Ainsi soit-il… et fonctionne-t-il

L'anatomie du chat est parfaitement adaptée à son comportement : celui d'un chasseur solitaire, qui n'hésite pas à sortir la nuit pour capturer ses proies dans les arbres. En effet, chaque partie de son corps contribue à faire de lui le prédateur par excellence, lui permettant de guetter, saisir, tuer et dévorer sa victime avec une efficacité maximale. Son sens du territoire est très développé, la nature lui a donné tout ce dont il a besoin pour déposer et interpréter des messages odorants au sein de son environnement.

ÊTRE UN CHAT, C'EST QUOI ?

Ses yeux, situés à l'avant de la tête, sont adaptés à la vision nocturne et reflètent ses émotions.

Son nez est sensible aux températures et aux odeurs.

Ses moustaches lui permettent d'évaluer la largeur d'une ouverture et de se diriger efficacement.

Sa langue râpeuse lui sert à détacher la viande des os, à nettoyer son poil et à boire en lapant.

Son organe de Jacobson, situé au-dessus de la voûte du palais, l'aide à analyser avec précision certaines odeurs.

Sa mâchoire courte lui permet de saisir puissamment sa proie dans sa bouche, et ses dents pointues de la tuer et de la dévorer efficacement.

Son poil lui sert à réguler sa température interne et à exprimer ses émotions.

La mobilité de son épaule allonge son pas.

Il sort ses griffes pour saisir sa proie, grimper et se battre avec ses congénères.

Digitigrade, le chat marche sur ses doigts, ce qui fait de lui un excellent sprinteur.

Ses oreilles pivotent pour localiser les sons et trahissent son attitude – agressive ou défensive, par exemple.

Les muscles puissants de son dos et de son arrière-train lui permettent de grimper et de sauter avec une facilité déconcertante. Cette partie du corps exprime aussi ses intentions.

Sa queue lui sert de balancier, de gouvernail et de moyen de communication.

La souplesse de sa colonne vertébrale lui permet d'arquer son dos, d'allonger son pas, de se lécher partout, ou presque, et de se faufiler dans les moindres recoins.

Différentes glandes, situées sous sa queue, le long de sa colonne, ainsi que sur ses lèvres et son menton, lui servent à effectuer des marquages odorants.

Des poils tactiles, situés derrière ses membres antérieurs, l'aident à localiser ses proies et à évaluer la distance lors d'un saut.

Ses coussinets plantaires lui assurent des déplacements confortables et lui servent d'amortisseurs à la réception d'un saut.

ÊTRE UN CHAT, C'EST QUOI ?

1 Une allure toute féline

Ne qualifie-t-on pas de « féline » une démarche souple et élégante ?
Et à juste titre. Car ce qui caractérise le mieux ce petit félin, ce sont la souplesse
et la grâce de ses mouvements. Une aisance indispensable à un prédateur solitaire.

ÊTRE UN CHAT, C'EST QUOI ?

Une démarche souple et nonchalante

Contrairement à l'homme, qui marche en prenant appui sur l'ensemble de son pied, le chat et le chien sont des animaux digitigrades : ils se déplacent sur leurs doigts, ce qui les oblige à allonger leurs membres et à réduire leur surface de contact avec le sol. Chez les mammifères ongulés, dotés de sabots, le contact au sol est encore plus limité afin d'accroître la vitesse de déplacement, mais le chat est un chasseur solitaire qui doit posséder des doigts mobiles pour manipuler ses proies.

Lorsqu'il se déplace, ses membres antérieurs supportent 60 % de son poids, tandis que ses membres postérieurs servent à sa propulsion. N'ayant jamais l'air pressé, l'animal avance successivement son membre postérieur droit, son membre antérieur droit, son membre postérieur gauche et son membre antérieur gauche.

Un excellent sprinteur

Le chat est certes capable de courir très vite, mais sur de courtes distances seulement. Il effectue des mouvements très variés lorsqu'il chasse, ce qui est indispensable à un prédateur solitaire. Ses omoplates ne sont pas rattachées au squelette et ses clavicules sont très rudimentaires. Ses épaules jouissent donc d'une grande mobilité et lui permettent d'allonger sa foulée. Quand l'animal marche, il ne va pas très vite puisque ses membres antérieurs sont dirigés verticalement par rapport au sol, mais quand il court à vive allure, il les étend loin devant lui avant de toucher le sol et la souplesse de sa colonne lui permet d'arquer son dos pour gagner encore quelques centimètres de terrain.

Au galop, il se propulse grâce à ses membres postérieurs qui touchent le sol simultanément, atterrit sur un membre antérieur, puis l'autre, et reste un temps suspendu en l'air.

Pour en savoir plus... 2 10 20 21

2 Un maître du saut

Les chats sont reconnus pour leur extraordinaire aptitude au saut : d'un seul bond, ils peuvent sauter à une hauteur de plusieurs fois leur propre taille, à l'horizontale comme à la verticale. Et s'ils font preuve d'une incroyable précision lors de l'atterrissage, que ce soit sur un rebord de fenêtre ou une clôture, c'est parce qu'ils prennent leur temps pour évaluer la distance avant de s'élancer.

ÊTRE UN CHAT, C'EST QUOI ?

1, 2, 3… sautez !

Avant de bondir sur la table, sur une branche ou sur sa proie, le chat prend appui sur ses membres postérieurs qui, tels des ressorts, se détendent pour le propulser vers l'avant. Les muscles de son dos et de son arrière-train, extrêmement puissants, lui donnent une impulsion dynamique suffisante pour monter ou descendre d'un bond, sauter au-dessus du vide ou franchir un obstacle.

Même si ce félin possède d'excellentes capacités physiques pour sauter, il a besoin de prendre appui sur une surface ferme. Il prendra le temps d'évaluer la distance et de tester la solidité de son appui avec ses pattes postérieures avant de bondir en toute sécurité, plus particulièrement si l'endroit où il compte atterrir offre une surface réduite (étagère, branche d'arbre) ou si la distance à franchir est importante. Et lorsqu'il chasse, le chat doit aussi évaluer correctement la distance qui le sépare de sa proie s'il veut bondir sur elle au moment opportun.

Pour en savoir plus…   1   3   22   42

3 L'art de retomber sur ses pattes

La queue des félins, et du chat en particulier, est incroyablement polyvalente. Elle leur sert de balancier pour grimper aux arbres, et de contrepoids gyroscopique pour acculer brusquement leur proie – il suffit de regarder le guépard, le félin le plus rapide. Mais la queue est également un outil d'expression : hérissée, elle exprime la peur, animée d'un mouvement oscillatoire, l'indécision, et frétillante, l'imminence de l'attaque.

Un équilibriste hors pair

L'anatomie et la physiologie du chat sont celles d'un chasseur largement arboricole. Il se déplace facilement dans les branches, aidé par le mouvement de balancier de sa queue. S'il fait un faux pas, son sens de l'équilibre l'aide à se rattraper. S'il tombe, il a l'étonnante faculté de retomber souvent sur ses pattes en se retournant sur lui-même pendant sa chute. Cet acte réflexe apparaît chez le chaton âgé de trois semaines et reflète l'amélioration progressive de sa mobilité.

Comment fait-il au juste pour retomber toujours sur ses pattes ? Dans sa chute, il redresse d'abord sa tête, puis la moitié antérieure de son corps et, enfin, la partie postérieure avant de se réceptionner sur ses pattes. Cette prouesse s'explique par un sens de l'équilibre très poussé qu'il doit à sa vision (cf. page 13) et aux canaux semi-circulaires situés dans son oreille interne (cf. page 15).

D'ailleurs, sa faculté innée à se situer en permanence dans l'espace et à ajuster en finesse la position de sa tête et de son corps lui permet de gérer efficacement les changements de position aussi brusques que spectaculaires qui interviennent au cours d'une chasse ou d'un affrontement avec un congénère.

Pour en savoir plus... 45 46 47

4 Des yeux à faire bien des envieux

Les yeux du chat nous permettent de mieux comprendre le lien entre son anatomie, sa physiologie et son comportement. Comme il convient à un chasseur, ils sont situés sur un plan frontal et antérieur, gage d'une bonne appréciation des reliefs et des distances, comme chez l'homme. Les herbivores ont, eux, des yeux placés latéralement qui leur offrent une vision panoramique, fort utile pour repérer les prédateurs sans tourner la tête.

... aux dépens des couleurs

L'adaptation du chat à la vie nocturne l'a conduit à sacrifier sa vision des couleurs au profit d'une capacité visuelle accrue dans la pénombre. Comme l'homme, ce petit félin possède une rétine formée de cellules en cônes et en bâtonnets. Les cônes fonctionnent en lumière intense et permettent la vision des couleurs, les bâtonnets fonctionnent en lumière faible et permettent la vision en noir et blanc. Trois types de cônes doivent fonctionner à des longueurs d'ondes différentes pour interpréter les couleurs du spectre et, tandis que nous possédons un cône pour quatre bâtonnets, le chat, lui, est limité à un cône pour vingt-cinq bâtonnets. Le jour, ses cônes sont sensibles au vert et, dans une moindre mesure, au rouge, mais dès qu'il fait nuit et que les couleurs deviennent impossibles à distinguer, ce prédateur voit parfaitement grâce à un nombre de bâtonnets supérieur au nôtre.

Un mécanisme anti-éblouissement

Un œil conçu pour capter le maximum de lumière supporterait mal l'intensité de la lumière du jour s'il ne disposait pas d'une pupille capable de se réduire à une fente verticale. Le chat peut donc ajuster avec une grande précision la fermeture progressive de son iris. La taille de la pupille du chat reflète également son état émotionnel.

Une vision adaptée à la vie nocturne...

Les yeux phosphorescents du chat dans l'obscurité lui donnent un air magique, mais n'ont rien de surnaturel : ils traduisent tout naturellement son adaptation à la vie nocturne. Leur lueur brillante est due à un tapis réfléchissant, le *tapetum lucidum*, situé derrière la rétine. Dans des conditions de faible luminosité, ce « miroir » permet à l'animal de capter un maximum de lumière : les particules de lumière qui n'ont pas été absorbées par la rétine sont réfléchies par le tapis lumineux, ce qui augmente la sensibilité de l'œil.

Comme chez d'autres prédateurs nocturnes, l'œil du chat est énorme comparé à celui d'un mammifère diurne tel que l'homme et au volume de son crâne. Le cristallin et la cornée sont volumineux par rapport à la partie postérieure de l'œil. Le cristallin est également très en retrait de la partie antérieure de l'œil, ce qui frappe en observant le chat de profil : ses yeux sont, en effet, plus transparents que les nôtres. Cette position du cristallin augmente l'ouverture de l'œil et donc sa capacité à capter la lumière. Lorsque l'éclairage est faible, la pupille s'agrandit pour laisser passer un maximum de lumière. Le chat se contente d'un sixième de la lumière dont nous avons besoin pour voir.

Les animaux diurnes ont une pupille ronde commandée par des fibres circulaires, incapable de se contracter totalement. La pupille ovale d'un animal adapté à la vie nocturne comme le chat est actionnée par des fibres croisées et capable d'une fermeture totale.

Pour en savoir plus...   43   58

5 Des moustaches radars

Le chat reçoit des informations sensorielles de l'extérieur principalement par ses moustaches, mais aussi par sa peau qui renferme de nombreux récepteurs sensoriels. Il réagit quand ses poils de jarre, c'est-à-dire ses poils de couverture, frôlent un objet. Ses moustaches, situées sur sa lèvre supérieure, remuent également pour exprimer ses émotions et ses intentions face à ses congénères.

Des antennes ultrasensibles

Les moustaches du chat pénètrent trois fois plus profondément dans sa peau que les poils les plus longs de son pelage. Elles sont implantées dans des bulbes individuels reliés à des muscles horripilateurs. Ces muscles, qui fonctionnent en synergie, permettent à l'animal de pointer ses moustaches vers l'avant pour explorer une proie ou un congénère, ou de les ramener en arrière pour les protéger. Les moustaches portent à leur base quatre types de récepteurs sensoriels qui transmettent au cerveau des informations précises sur le mouvement du poil, en particulier sa direction, sa vitesse, sa durée et son amplitude. Le chat les active lorsqu'il est en contact avec une petite proie pour s'informer sur les mouvements et la forme du corps de sa victime, voire l'orientation de son poil.

Ses moustaches sont même sensibles aux courants d'air renvoyés par les objets, ce qui lui permet de se diriger efficacement et de se faufiler à travers les ouvertures les plus étroites. Le chat est également doté de poils tactiles derrière ses membres antérieurs l'aidant à localiser ses proies et à évaluer les distances avant de sauter.

Une sensibilité à fleur de peau… et de poil

Les récepteurs sensoriels cutanés du chat sont inégalement répartis : on peut en compter vingt-cinq par centimètre carré sur certaines zones de la tête et des pattes et seulement sept par centimètre carré sur le dos, la queue et les oreilles. Ce sont le nez, la langue et les coussinets plantaires qui sont les plus riches en cellules sensorielles.

Le pelage peut comprendre jusqu'à deux cents poils par millimètre carré dont cent cinquante poils de bourre, les plus fins, quarante-sept poils de barbe, poils intermédiaires, et sept poils de jarre, les plus longs. Les poils de jarre et les poils de barbe protègent l'animal des intempéries, les poils de bourre assurent son isolation thermique. Tous ces poils sont reliés à des récepteurs tactiles, d'où le fait que le chat se lèche pour lisser son poil après avoir été caressé. Lors de la mue, une transformation liée au changement de saison, le nouveau poil pousse dans le même follicule que l'ancien et le chasse.

6 Ses oreilles ? Une pure merveille

Une ouïe extrêmement fine est vitale à un prédateur nocturne. Dès que le chat entend une proie, il est immédiatement aux aguets, les oreilles dressées. Le pavillon de son oreille est doté d'une vingtaine de muscles qui lui permettent de pivoter dans toutes les directions, ou presque, afin d'exprimer les émotions et les intentions les plus diverses.

Des bruits qui ne tombent pas dans l'oreille d'un sourd

Le chat est toujours à l'affût du moindre bruit. Lorsqu'il est devant vous, apparemment désintéressé de ce qui se passe derrière lui, observez ses oreilles et vous remarquerez qu'elles sont tournées vers vous. Mais il suffit d'un bruit, quelque part, pour qu'elles s'orientent immédiatement vers cette source sonore. Comparable à une antenne parabolique, le pavillon de l'oreille est doté de nombreux muscles qui lui permettent de pivoter pour recueillir le moindre bruissement. Comme le chat localise mieux les sons sur place qu'en mouvement, il s'immobilise pour écouter attentivement. Sur le bord externe du pavillon se trouve une petite poche cutanée qui assure la mobilité de l'oreille et étouffe les sons complexes que le chat reçoit par-derrière.

Le son recueilli par le pavillon descend le long du conduit auditif et fait vibrer le tympan. Dans l'oreille moyenne, les osselets amplifient et transmettent les vibrations sonores à la cochlée, partie de l'oreille interne remplie d'un liquide. Les cils sensoriels qui tapissent les parois cochléaires captent ces vibrations. Le chat perçoit des fréquences maximales de 60 kHz, bien supérieures à celles perçues par le chien (15-35 kHz) et l'homme (15-20 kHz), y compris les cris aigus des petits rongeurs dont la fréquence varie entre 20 et 50 kHz. Les bulbes situés à la base du crâne, à l'arrière de la tête, sont les bulles tympaniques : elles seraient particulièrement sensibles aux sons émis par les rongeurs.

L'équilibre est dans l'oreille

Le chat trouve son sens de l'équilibre dans son oreille interne, plus précisément dans l'appareil vestibulaire – un ensemble de trois canaux semi-circulaires situés dans l'oreille interne. Ces canaux, tous orientés différemment, sont remplis d'un liquide maintenu en place par la force d'inertie malgré les mouvements de l'animal. Leurs parois sont tapissées de cellules sensorielles qui captent les mouvements du liquide et en informent le cerveau. Lorsque le chat fait une chute, il doit son réflexe de redressement en partie aux petites concrétions calcaires contenues dans le liquide des canaux qui, en bougeant, viennent heurter les cellules sensorielles.

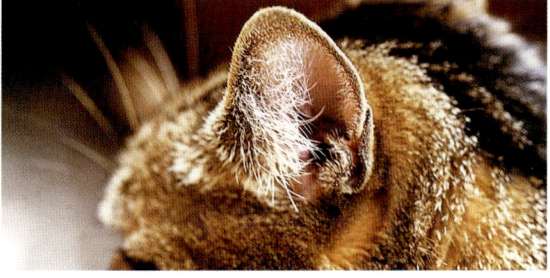

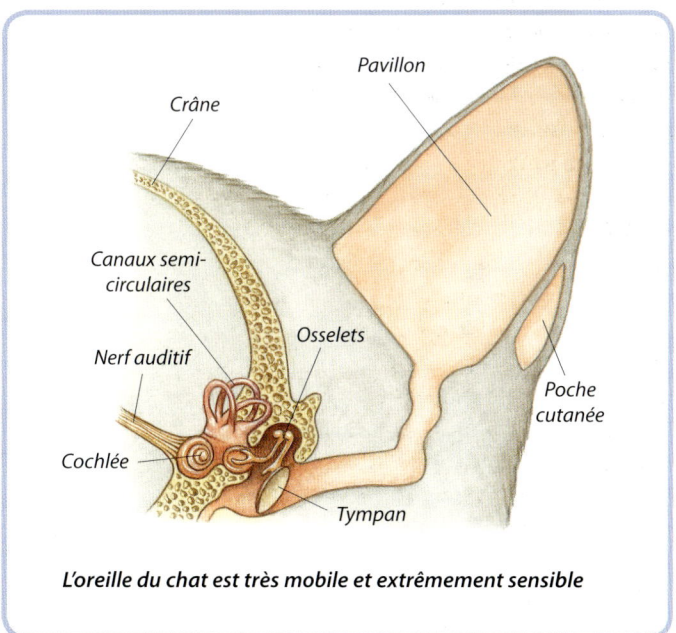

L'oreille du chat est très mobile et extrêmement sensible

ÊTRE UN CHAT, C'EST QUOI ?

Pour en savoir plus... 2 11

ÊTRE UN CHAT, C'EST QUOI ?

7 Une fine gueule qui a du flair

Le sens de l'odorat est indispensable au chat pour identifier les étrangers, reconnaître les individus qui lui sont familiers (son maître, par exemple) et interpréter les messages odorants déposés dans son domaine vital par des congénères. Il lui permet aussi de flairer sa nourriture avant d'y goûter. Et son organe de Jacobson (cf. page 17) lui permet de « goûter » certaines odeurs.

Un flair inférieur à celui du chien mais supérieur au nôtre

Les fosses nasales du chat abritent un labyrinthe de saillies osseuses en forme de lames, les cornets, qui remplissent presque tout l'espace. Ces cornets sont recouverts d'une muqueuse olfactive qui s'étend sur vingt à quarante centimètres carrés, soit deux fois la taille de celle de l'homme. Les cellules olfactives qui tapissent la muqueuse au sommet et à l'arrière des cavités nasales sont capables de détecter des substances odorantes volatiles, mais le chat doit faire l'effort de renifler – une respiration normale ne suffit pas pour que l'odeur pénètre dans cette région. Son flair est meilleur lorsque la température de l'air est inférieure à celle du sol, c'est-à-dire généralement le soir.

Une langue multifonctions

Quand le chat lèche votre main, vous êtes en contact direct avec sa langue, l'un de ses outils les plus précieux, et c'est un contact plutôt rugueux ! En effet, chez les grands comme les petits félins, la partie centrale de la langue est recouverte de papilles cornées qui sont autant de petites râpes pour détacher la viande des os et la saisir plus facilement. Ces minuscules excroissances orientées vers l'arrière permettent aussi à l'animal de laper l'eau pour boire et de nettoyer son poil.

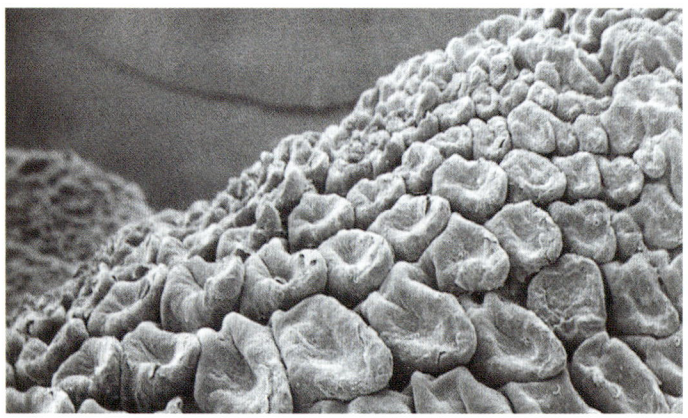

Les cellules gustatives sont présentes uniquement sur la pointe, l'arrière et les bords latéraux de la langue. La plupart des mammifères reconnaissent les quatre saveurs, mais le chat, carnivore par excellence, n'est guère sensible au sucré. D'ailleurs, il digère mal les aliments sucrés, si tant est qu'il les apprécie. Les chatons absorbent le sucre du lait en tétant leur mère, mais le lactose leur provoque des diarrhées lorsqu'ils sont sevrés. N'oublions pas que le lait est, en effet, l'une des principales causes de diarrhée chez la plupart des chats.

8 Un étrange organe supplémentaire

Comme beaucoup d'autres animaux, dont les chevaux, les chats possèdent un organe supplémentaire, l'organe de Jacobson, situé au-dessus de la voûte du palais, dont l'entrée se localise juste derrière les incisives centrales de la mâchoire supérieure. Cet organe leur permet de littéralement « goûter » les odeurs. Il est surtout utilisé par les mâles pour renifler l'urine des femelles et savoir si elles sont réceptives.

Une drôle de grimace : le flehmen

L'organe de Jacobson (appelé aussi organe voméro-nasal) doit son nom au médecin danois qui l'a découvert il y a près de deux siècles. Cet organe de type olfacto-gustatif est formé de deux petites cavités se terminant en cul-de-sac. Pour y faire entrer l'air, le chat se livre à une étrange grimace, une sorte de rictus, en entrouvrant la bouche : c'est ce que l'on appelle le flehmen. L'action d'entrouvrir la bouche bloque automatiquement le passage de l'air dans les voies nasales habituelles pour le diriger vers l'entrée de l'organe de Jacobson, où les molécules odorantes sont détectées. Le chat appuie parfois sa langue contre son palais pour mieux capter les odeurs qui sont ainsi « lapées » vers l'organe voméro-nasal. Le flehmen du tigre pour renifler l'urine d'un congénère est le plus spectaculaire, puisque le fauve retrousse ses babines, ce qui laisse entrevoir ses dents énormes. Celui du chat domestique est plus discret, tellement discret que la plupart de ses maîtres ne l'ont jamais remarqué.

L'homme possède également un organe de Jacobson, mais très rudimentaire. Chez la plupart des mammifères, cet organe semble étroitement lié au comportement sexuel. Il est relié à l'hypothalamus médian, responsable de l'activité sexuelle, et au noyau ventro-médian, qui commande le comportement alimentaire. En raison de l'instinct territorial très marqué des chats, il est probable que le flehmen permette aux mâles d'un territoire donné d'évaluer avec précision l'état de réceptivité sexuelle d'une femelle. Même si d'autres mâles extérieurs au territoire finiront par savoir que la chatte est en chaleur, ce sont les occupants mâles du territoire qui auront l'avantage d'être informés les premiers. Et la tendance de la chatte en chaleur à se rouler par terre et à ne pas tenir en place peut être stimulée par des jets d'urine utilisés par le mâle pour marquer son territoire.

Pour en savoir plus... 29 30 31 43

9 De redoutables dents de carnassier

Quand le chat baille, il découvre toute sa dentition. Les dents les plus proéminentes sont les canines : elles servent à poignarder les proies. Linné, à l'origine du système moderne de désignation des espèces, a appelé « canines » les longues dents du chat, mais ce terme est trompeur, car les canines des félidés sont autrement plus impressionnantes que celles des canidés, et à ce titre, elles auraient dû s'appeler « félines ».

ÊTRE UN CHAT, C'EST QUOI ?

Une mâchoire courte et puissante

La mâchoire du chat est courte par rapport à celle du chien. Pourquoi ? Parce que l'évolution a privilégié une mâchoire qui assure une prise efficace (comme on le voit ci-dessous chez le chat sauvage d'Afrique) aux dépens de la longueur du crâne. De plus, elle est quasiment inapte aux mouvements latéraux, ce qui rend la prise doublement efficace. Conséquence de cette mâchoire écourtée : le chat possède une face relativement aplatie et une incapacité à voir ce qui se trouve juste devant sa bouche, alors qu'il voit parfaitement les objets éloignés. Mais cet inconvénient est compensé par des pattes antérieures agiles.

La dentition du chat est celle du prédateur par excellence. Une fois que l'animal a capturé et tué sa proie, il est parfaitement équipé pour déchirer la viande. Des dents très particulières, les carnassières, constituées de la troisième prémolaire supérieure et de la première molaire inférieure, ressemblent à de grandes cisailles tranchantes et dentelées. Le chat n'est pas fait pour broyer les aliments. C'est pourquoi il a une drôle de façon de mâchouiller les végétaux.

Un ancêtre à dents de sabre

Les premiers Félidés à être apparus sur Terre il y a quelque 34 millions d'années étaient les tigres à dents de sabre. À cette époque, le refroidissement du climat a favorisé le développement des grands mammifères. Le tigre à dents de sabre apparaît comme un produit de l'évolution fort improbable, car on pourrait penser que ses dents énormes l'empêchaient de se nourrir en bloquant l'orifice buccal. Or, c'est tout le contraire : ses gigantesques canines se révèlent l'une des plus grandes réussites de l'histoire des Félidés. En effet, ces félins primitifs ont dominé du miocène à la fin du pliocène. Certains vivaient même encore il y a seulement 13 000 ans et ont donc survécu pendant près de 34 millions d'années. Une belle longévité comparée au bref passage sur Terre de nombreux représentants de l'espèce féline (et humaine, d'ailleurs).

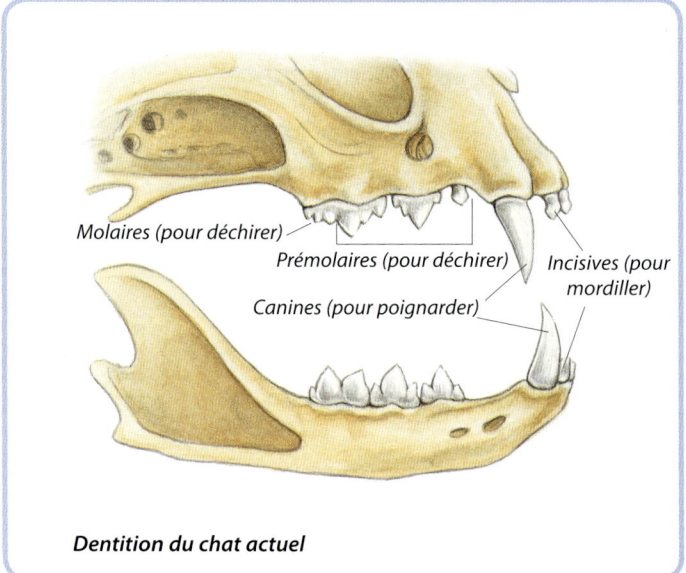

Dentition du chat actuel

Pour en savoir plus... 10 22 86

10 Griffes acérées et pattes de velours

Les chats se servent de leurs griffes pour attraper et maintenir leur proie lorsqu'ils chassent et pour avoir une prise solide lorsqu'ils grimpent. Ils prennent d'ailleurs extrêmement soin des outils précieux que constituent leurs pattes et leurs griffes en procédant à des nettoyages et des affûtages fréquents ! Leurs griffes étant rétractiles, ils peuvent les rentrer pour les protéger et éviter de les émousser.

Toutes griffes dehors

Ce ne sont pas seulement sa souplesse et son agilité qui permettent au chat de grimper si facilement. Il possède des griffes qui, techniquement parlant, sont rétractiles, mais que l'on peut qualifier de protractiles, c'est-à-dire aptes à être sorties à volonté, au vu de son comportement. Au repos, elles restent dans leur gaine, mais dès que le chat veut donner un coup de patte, il contracte les muscles fléchisseurs de ses doigts et dégaine ses griffes. Alors qu'un loup ou un chien utilise d'abord ses dents pour prendre contact avec sa proie, le chat étire sa patte antérieure et sort ses griffes. Comme toujours, l'anatomie et le comportement sont étroitement liés.

Largement arboricole, le chat se sert aussi de ses griffes comme de crampons pour s'accrocher solidement. Le chat sauvage le mieux adapté à la vie arboricole est le Margay, qui peuple les forêts tropicales humides d'Amérique du Sud. Les griffes dégainées, la plupart des chats grimpent facilement aux arbres, mais se retrouvent en difficulté pour descendre. Leurs griffes ne leur sont plus alors d'aucune utilité. Seul le Margay est capable de descendre aisément le long d'un tronc la tête en bas grâce à ses métatarses (chevilles) mobiles qui permettent à ses pieds postérieurs de pivoter à 180°.

Bien sûr, des griffes acérées sont plus efficaces pour grimper, chasser et se battre. C'est pourquoi le chat les affûte sur les troncs d'arbres. En les frottant contre l'écorce, il permet aux cuticules de kératine de se détacher sur les côtés… et ses griffes retrouvent leur pointe effilée.

Pattes de velours

Sous la patte postérieure du chat se trouvent cinq coussinets plantaires – quatre petits sous chaque doigt et un grand sous le métatarsien – et sous sa patte antérieure six coussinets – quatre petits sous chaque doigt, un petit sous le pouce et un grand sous le métacarpien. Ces coussinets servent à absorber les chocs à la réception d'un saut et à amortir les déplacements. Ils sont protégés par un épiderme dur et soixante-dix fois plus épais que la peau du reste du corps.

Les coussinets plantaires gardent leur souplesse et leur élasticité grâce à des glandes sudoripares écrines qui produisent une sécrétion aqueuse. Lorsque le chat lèche ses pattes, il fait un étrange bruit de succion qui inquiète son maître, mais s'avère tout à fait normal. Les doigts du chat sont particulièrement sensibles, ce qui rend notre compagnon très difficile lorsqu'il s'agit de trouver un sol qui lui plaît. Le confort est, pour lui, primordial.

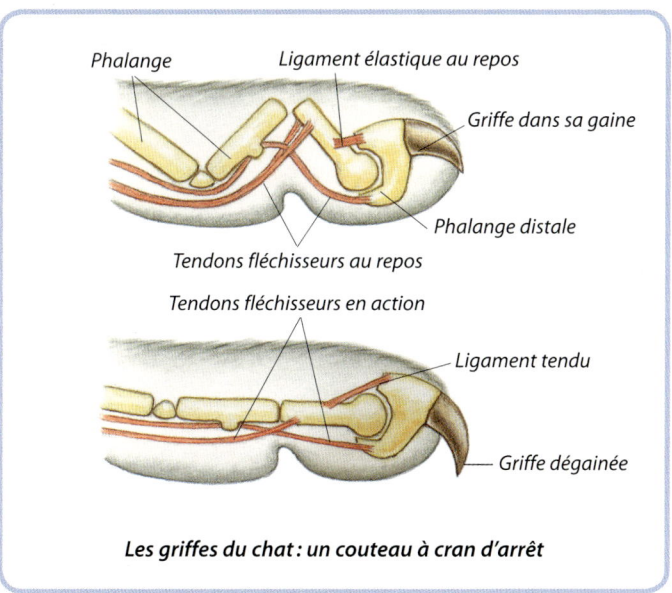

Les griffes du chat : un couteau à cran d'arrêt

ÊTRE UN CHAT, C'EST QUOI ?

Pour en savoir plus… 9 18 21 22 57 93 96

Une bête... loin d'être bête

> Descartes, auteur du célèbre « Je pense, donc je suis », portait un jugement moins flatteur sur les animaux et leur comportement, les considérant comme de simples automates. À cet égard, il partageait le point de vue de l'Église chrétienne, resté inchangé depuis l'époque de saint Thomas d'Aquin, selon lequel les animaux seraient dénués d'intelligence.

Instinct ou intelligence ?

Nombreux sont ceux, y compris des biologistes actuels, qui continuent à réduire le comportement animal au seul « instinct ». Le naturaliste Charles Darwin suggérait que l'instinct pouvait se concevoir comme un acte réflexe. Selon lui, « Les animaux sont, dans une certaine mesure, dotés d'une capacité de raisonnement » et « La différence d'intelligence entre l'homme et l'animal, aussi grande soit-elle, est certainement davantage une différence de degré que de nature ». Malheureusement, l'essentiel du débat visant à savoir si les animaux agissent par instinct ou par intelligence est devenu trop réducteur et a abouti à la conclusion absurde que l'instinct et l'intelligence s'excluaient mutuellement. De plus, la méthode utilisée pour trancher la question laissait à désirer. En 1911, Edward Lee Thorndike a publié un ouvrage intitulé *Animal Intelligence* qui a fait date dans l'histoire de la psychologie animale. Il y décrit son utilisation des boîtes-problèmes pour tester l'intelligence des animaux. Des chats et d'autres animaux étaient enfermés dans des boîtes et devaient appuyer sur des leviers ou tirer des ficelles pour s'échapper. Ils ne pouvaient sortir qu'en faisant une manipulation déterminée qu'ils devaient découvrir en tâtonnant. C'est pourquoi ce type d'apprentissage était appelé « apprentissage par essais et erreurs ». Le psychologue américain en déduisait que l'approche du problème adoptée par le chat était « mécanique » et que l'animal retenait ce qui, par hasard, avait fonctionné. Depuis, les résultats de ses recherches et en particulier ses expériences cruelles sur les chats, ont été remis en question : dans son milieu naturel, le chat n'est pas confronté à ce genre de situation ; il n'a pas l'occasion d'appuyer sur un levier de cette façon. Les expériences en laboratoire ont progressivement laissé place à une pratique plus réaliste : l'étude des animaux dans leur environnement naturel. Et l'éthologie nous montre que les chats sont comme nous : ils se servent à la fois de leur instinct et de leur intelligence.

Mode d'apprentissage

Les concepteurs de tests du quotient intellectuel animal et les propriétaires de chiens affirment que le chat obtient de plus mauvais résultats que ces derniers. En fait, les résultats confirment simplement le caractère docile des chiens et la nature indocile des chats dans une situation identique. On peut éduquer un chien parce qu'il tend naturellement à former un groupe ou une meute. Le chat, chasseur solitaire,

ÊTRE UN CHAT, C'EST QUOI ?

doit évaluer tout seul une situation et agir en conséquence. Isolément, le chien n'est que le rouage d'une machine, alors que le chat est la machine tout entière. De plus, en raison de leur mode de vie solitaire, les chats n'ont pas une hiérarchie sociale aussi poussée que les chiens, ce qui explique qu'ils n'aient pas besoin de faire preuve de soumission, autrement dit d'apprendre à obéir.

À partir du moment où l'on saisit la vraie nature du chat, ainsi que son mode de vie et de survie, on comprend clairement pourquoi il ne voit pas la nécessité de recevoir des ordres. Il n'est tout simplement pas fait pour ce mode d'apprentissage. En revanche, s'il est motivé, il peut facilement accomplir des actions similaires à celles du chien, par exemple ouvrir une porte par la poignée ou suivre un chemin tracé d'avance.

Les mammifères jouissant d'une grande longévité ont de très longues phases de développement après leur naissance. Les chatons naissent à un stade d'évolution assez peu avancé par rapport à d'autres mammifères. Ils ont donc le temps d'être éduqués et de voir leurs instincts modifiés sous l'influence du milieu dans lequel ils vivent. Ils seront ainsi mieux préparés à leurs conditions de vie adultes. Mais ce qu'il faut surtout retenir, c'est que les modifications du comportement instinctif des chats leur ont permis de mieux s'entendre avec leurs congénères ou d'autres animaux que s'ils étaient restés les carnivores farouchement solitaires qu'ils étaient à l'origine. Et c'est la raison pour laquelle nous pouvons en faire des animaux de compagnie : les propriétaires de chats ont récupéré à leur profit la période de socialisation des chatons (cf. page 60).

Un comportement territorial

On pensait jadis que les chats patrouillaient aux limites de leur territoire, mais on sait aujourd'hui qu'ils passent davantage de temps dans les zones sécurisées de leur territoire, c'est-à-dire celles ayant fait l'objet d'un marquage. Le comportement territorial du chat se limiterait à des tendances innées moins nombreuses qu'on ne le croyait, parmi lesquelles l'instinct de sécurité : il est préférable de rester dans les zones les plus sûres et de ne se risquer à aller voir plus loin que si la nourriture vient à manquer. Même si des instincts déterminent globalement le comportement territorial, la capacité d'apprentissage du chat lui confère une bonne adaptabilité au milieu vivant.

11 Un cerveau pas si sot

La taille du cerveau par rapport au corps est à l'avantage du chat comparée à celle du rat ou de la souris. Et qui dit cerveau plus volumineux dit nombre de neurones et, surtout, de connexions entre les cellules nerveuses, plus élevé. Celui du chat comprend trois parties principales : le cerveau antérieur, moyen et postérieur.

ÊTRE UN CHAT, C'EST QUOI ?

À quoi ressemble son cerveau ?

Vu du dessus, il présente une surface dominée par deux structures : le cervelet du cerveau postérieur et le cortex cérébral du cerveau antérieur. Le cervelet du chat et de la plupart des mammifères offre de nombreux sillons. Il est proportionnellement plus volumineux que celui des autres mammifères et commande, entre autres, la coordination des mouvements, l'équilibre et la position du corps – des fonctions essentielles à un prédateur arboricole.

Chez les grands mammifères tels l'homme et la baleine la surface du cortex cérébral présente de multiples circonvolutions, alors que chez les petits mammifères comme le rat ou le lapin, les bourrelets sont rares. Le cortex du chat offre des circonvolutions importantes, ce qui n'a rien d'étonnant chez cet animal curieux, qui apprend vite et se montre très joueur dans ses premières années.

La surface des hémisphères cérébraux se divise en régions qui reçoivent les informations transmises par les récepteurs sensoriels et en zones qui contrôlent les mouvements du corps. En général, plus une région est de taille importante, plus le nombre de neurones responsables de la fonction dont cette région est responsable est élevé et, par conséquent, plus la fonction est développée. Un chasseur nocturne comme le chat, capable de détecter le bruit infime du déplacement d'un petit rongeur, possède une zone consacrée à la perception et à l'interprétation des sons particulièrement développée (25 % du volume cérébral contre 10 % chez le rat). Le toucher correspond à la sensibilité cutanée et, si l'on observe les régions du cortex responsables de la sensibilité au niveau de la tête et de la langue, lesquelles possèdent davantage de terminaisons nerveuses, on remarque qu'elles sont plus étendues.

Un cerveau qui grossit vite

Les chatons nouveau-nés possèdent beaucoup moins de circonvolutions cérébrales que les chats adultes. Mais leur cerveau se développe très vite : au bout de trois mois, lorsqu'il a atteint sa taille adulte et un poids de vingt à trente grammes, son volume est cinq fois supérieur à son volume initial. Par conséquent, rien d'étonnant à ce qu'une alimentation inadaptée dans les premiers mois de la vie ait des conséquences graves sur le comportement de l'animal adulte.

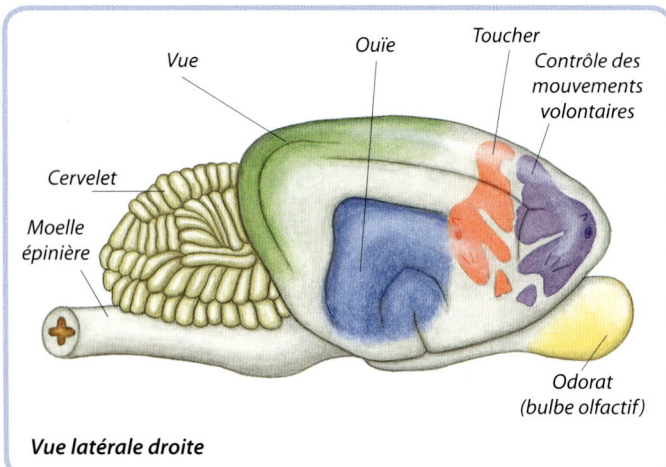

Vue latérale droite

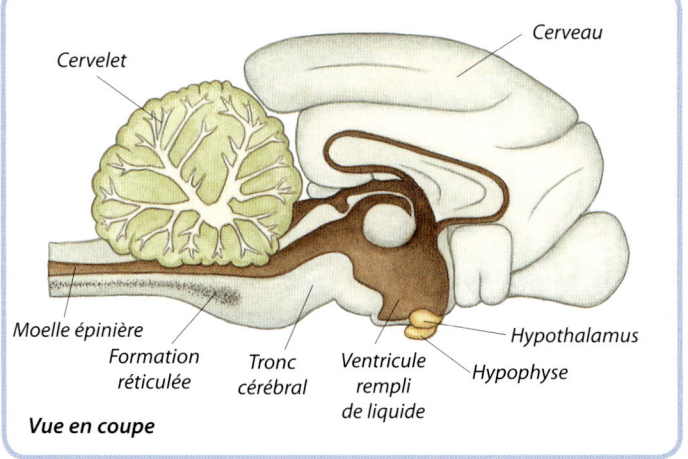

Vue en coupe

12 La régulation des émotions félines

Le système limbique réside dans la partie la plus primitive du cerveau, à savoir le cerveau postérieur, le cerveau moyen et la partie inférieure du cerveau antérieur. Il est lié à la notion de plaisir et aux réactions d'évitement. L'hypothalamus et l'hypophyse, qui en font partie, sont largement responsables du contrôle des émotions.

d'une partie sympathique et d'une partie parasympathique aux effets antagonistes : tandis que chez le chat agressif les pupilles se contractent sous l'action des nerfs parasympathiques, chez le chat agressé elles se dilatent sous l'effet des nerfs sympathiques. La taille normale des pupilles d'un chat au repos résulte d'un équilibre entre les deux systèmes. Les terminaisons des nerfs sympathiques libèrent la noradrénaline, qui est acheminée jusqu'aux muscles pour les activer. Les glandes surrénales permettent à l'organisme de répondre à une situation de stress en produisant la cortisone, une hormone qui transforme le métabolisme basal du chat confronté à un conflit territorial ou en captivité. L'adrénaline déclenche une réaction d'attaque ou de fuite en cas d'anxiété, de peur ou d'agression.

Les hormones trophiques contrôlent l'essentiel de l'activité sexuelle et des cycles de reproduction. Lors de l'accouplement, les nerfs sensoriels envoient un message au cerveau et à l'hypothalamus, ce qui déclenche la libération de l'hormone lutéinisante par l'hypophyse, laquelle provoque à son tour la maturation du follicule ovarien et la libération de l'ovule.

L'hypothalamus

L'hypothalamus fait le lien entre le système hormonal et le cerveau. Il déclenche la libération des hormone trophiques hypophysaires, qui activent d'autres glandes qui, à leur tour, libèrent des hormones qui agiront sur l'ensemble de l'organisme. Des hormones comme l'adrénaline, sécrétée par les glandes surrénales, constituent des médiateurs chimiques : elles interviennent dans les nombreux phénomènes physiologiques liés à une réaction émotionnelle. De même, la testostérone, produite par les testicules, agit sur l'anatomie, le fonctionnement organique et le comportement des matous. L'information sur le taux des différentes hormones présentes dans la circulation générale retourne à l'hypothalamus et à l'hypophyse, qui se chargent d'ajuster la production d'hormones trophiques à la situation. Du fait qu'elle régule le fonctionnement d'autres glandes, l'hypophyse est appelée le « chef d'orchestre » endocrinien.

Le système nerveux

Les réactions les plus soudaines de l'organisme – l'attaque ou la fuite – sont contrôlées par le système nerveux autonome. Les muscles involontaires, par exemple ceux des yeux, sont reliés au système nerveux central par un réseau de nerfs. Mais le système nerveux autonome est formé

ÊTRE UN CHAT, C'EST QUOI ?

Pour en savoir plus... 18 19 29 31 50 51

13 Instinct, quand tu nous tiens !

De par son action sur le système hormonal (cf. page 23), l'hypothalamus semble contrôler le comportement instinctif du chat. D'ailleurs, il est le siège des fonctions vitales de l'animal – manger, boire et se reproduire – et de ses comportements émotionnels – peur, colère, agressivité, etc.

ÊTRE UN CHAT, C'EST QUOI ?

Un comportement inné et un comportement acquis

Des psychologues ont découvert qu'en stimulant l'hypothalamus du chat ils pouvaient induire chez lui certains comportements réflexes de manière systématique : coucher les oreilles, s'accroupir, grogner, faire le gros dos ou fouetter l'air de sa queue. Chez le chat qui n'avait pas l'habitude d'attaquer des petits rongeurs, la stimulation de son hypothalamus le poussait à chasser et à tuer des rats. Cependant, cette attaque avait tout d'un acte mécanique et la technique appliquée n'était pas aussi au point que celle du chat qui avait appris à chasser des rats.

Nous pouvons en déduire qu'il existe bel et bien un comportement inné et un comportement acquis, d'autant plus que les régions du cerveau qui semblent contrôler ces deux types de comportement sont distinctes – le cerveau primitif commandant l'inné et le cerveau plus récent l'acquis. Et les comportements du chat provoqués par des émotions fortes proviennent d'une partie primitive de son cerveau étonnamment similaire à la nôtre. En réalité, c'est quand l'homme et le chat sont en proie aux plus vives émotions qu'ils se ressemblent le plus.

Pour en savoir plus...

14 Mémoire ou conditionnement ?

Le dédain affiché par Descartes et ses ancêtres envers l'aptitude des animaux à penser, quelle que soit leur forme de pensée, sous-tend la croyance erronée de la plupart des gens selon laquelle les animaux n'ont pas de mémoire (cf. page 20). Il est pourtant démontré que les chats ont une mémoire qu'ils utilisent dans leurs relations avec les hommes.

ÊTRE UN CHAT, C'EST QUOI ?

Un chat de Pavlov ?

Comme les chiens, les chats n'échappent pas au célèbre réflexe de Pavlov lorsqu'on les voit accourir à l'heure du repas. En sonnant une cloche lorsqu'il les nourrissait, Pavlov conditionnait ses chiens : les animaux salivaient dès qu'ils entendaient la cloche. Et quand elle sonnait sans s'accompagner d'un repas, les chiens venaient quand même pour manger, ce qui prouve qu'ils avaient une mémoire. Si le chat anticipe l'heure de son repas (quasiment à la minute près si vous le nourrissez vraiment à heures fixes), c'est qu'il a établi un lien, non pas entre sa nourriture et la cloche, mais entre sa nourriture et un moment précis. Lorsqu'on change l'heure pour passer à l'heure d'été ou à l'heure d'hiver, le chat est désorienté. Et si votre compagnon vous attend le soir parce qu'il sait exactement à quelle heure vous rentrez, c'est qu'il possède une excellente mémoire.

Pour en savoir plus...   11   39   57   79

15 Curieux comme un… chat

Ne dit-on pas que la curiosité est un vilain défaut? Oui, mais savez-vous qu'en anglais le proverbe dit littéralement « La curiosité a tué le chat »? C'est dire si le chat est un animal d'une curiosité insatiable! On le voit toujours en train d'explorer les lieux, de se faufiler dans des endroits défendus ou inaccessibles ou de tester de nouveaux objets en les tapotant avec sa patte. Et ce comportement n'est pas sans risque.

ÊTRE UN CHAT, C'EST QUOI ?

L'apprentissage passe par la curiosité

Les jeunes chats sont extrêmement curieux. Même si leur curiosité leur joue parfois des tours, elle obéit en fait à un objectif très pratique : la nécessité d'apprendre très rapidement. Le chaton dispose d'environ six mois, jamais plus, pour se préparer à sa vie d'adulte, apprendre à chasser et à manipuler les proies, se familiariser avec son environnement et éviter le danger.

L'exploration de nouveaux objets fait partie du comportement ludique, une activité essentielle, et caractérise surtout les chatons sevrés âgés d'environ dix semaines. Elle est également importante pour le développement du jeune animal, qui doit apprendre à vérifier l'état de sa proie, et elle persiste à l'âge adulte. Une curiosité continuelle (entre deux petits sommes!) est indispensable à un prédateur comme le chat, toujours à la recherche de nourriture. Après avoir capturé et étourdi sa proie, le félin doit rester vigilant et prudent. Il guette le moindre mouvement de sa victime et, même si cette dernière semble immobile, lui donne un coup de patte pour savoir si elle vit encore. Un sursaut ou une tentative de fuite… et la partie de chasse reprend.

La tendance du chat à réagir à quelque chose qui bouge fait le bonheur des maîtres qui aiment jouer avec leur animal, le titillant avec un bout de ficelle ou n'importe quel jouet vendu dans le commerce. Autres objets qui intriguent et éveillent la curiosité de ces petits félins : les boîtes en carton, dont ils apprécient la chaleur et où ils adorent se cacher, ainsi que les voitures, qui sont imprégnées de notre odeur et associées à une foule d'activités humaines. C'est toujours avec une curiosité teintée de méfiance que les chats en inspectent l'intérieur. Certains minous semblent aussi regarder la télévision : ils sont attirés par les mouvements sur l'écran, qui correspondent à la vitesse de déplacement d'une proie potentielle.

La faim et l'instinct de chasseur : pas forcément indissociables

Paul Leyhausen, célèbre éthologue de l'université de Düsseldorf, a montré que chez le chat l'instinct de chasse allait au-delà du besoin de satisfaire sa faim. Il libéra successivement plusieurs souris devant un chat enfermé dans une cage et remarqua que le félin était toujours prêt à en attraper davantage. Alors qu'il en avait plusieurs dans sa bouche et une sous chaque patte antérieure, il voulait continuer à en chasser d'autres. Selon Leyhausen, il existe une hiérarchie dans les instincts de survie du chat, et le besoin de chasser l'emporte sur le besoin de manger. L'instinct de chasse est vital à la survie de ce prédateur de petites proies et engendre un comportement que nous prenons pour de la curiosité – par exemple, la rapidité avec laquelle notre compagnon se précipite vers le réfrigérateur (ou l'endroit où nous stockons sa nourriture) dès que nous l'ouvrons, même s'il n'a pas faim.

Pour en savoir plus… 17 21 22 39 40

16. C'est dans les gènes!

Les lois de l'hérédité ne sont pas simples chez le chat. Il existe des règles de base, mais aussi beaucoup d'exceptions! Au début du 20e siècle, des biologistes sont tombés sur un ouvrage dont la publication dans les années 1860 était passée inaperçue, celui du botaniste autrichien Gregor Mendel qui avait découvert les lois de la transmission des caractères héréditaires et les supports matériels de l'hérédité : les futurs gènes.

La couleur de son poil

Les gènes sont portés par les chromosomes constitués d'ADN. Chacune des cellules de l'organisme du chat contient dix-neuf paires de chromosomes, excepté les cellules sexuelles qui ne possèdent que dix-neuf chromosomes chacune. Lorsqu'elles se divisent, certaines parties d'une moitié du chromosome divisé peuvent être échangées avec d'autres parties de la seconde moitié, ce qui rend le patrimoine génétique aléatoire. Mais lorsque les cellules sexuelles adultes fusionnent au moment de la fécondation, elles forment un nouvel ensemble de trente-huit chromosomes.

Le chaton hérite d'un gène déterminant telle ou telle caractéristique de ses deux parents. À l'époque de leur domestication, tous les chats étaient des chats tigrés (dits *tabby*) – les gènes responsables de la couleur de leur poil étaient identiques. Cependant, des mutations peuvent survenir spontanément, bien que très rarement, et ces « erreurs » génétiques sont à l'origine de la grande diversité des couleurs et des motifs de robe des chats domestiques actuels.

La première mutation liée au poil s'est faite vers la couleur noire, consécutive à un excès de pigments, le mélanisme. La progéniture de deux chats tigrés apparemment identiques peut inclure un chaton noir ou d'une autre couleur unie parmi une majorité de chatons tigrés. En général, une couleur de robe est dominante par rapport à une autre dite récessive. Le tigré est dominant (A) et le noir récessif (a). Par conséquent, si un chat tigré et un chat noir s'accouplent, tous les chatons sont tigrés, mais si deux des chatons de cette portée s'accouplaient à l'âge adulte, ils donneraient naissance à des chatons tigrés et à des chatons noirs. Toujours est-il que tous les chats domestiques restent des chats tigrés sur le plan génétique.

Le gène de la couleur rousse

Bien que les gènes se transmettent de façon aléatoire, certains sont localisés sur un seul et même chromosome et se transmettent ensemble. Une paire de chromosomes détermine le sexe du chat – les femelles ont deux chromosomes X (XX) et les mâles un chromosome X et un chromosome Y (XY). Chaque ovule porte un chromosome X, alors qu'un spermatozoïde peut être porteur d'un chromosome X ou d'un chromosome Y. Toute mutation affectant un chromosome sexuel sera donc « liée au sexe », c'est le cas de la couleur rousse. Chez le chat, le gène du roux est situé sur le chromosome X. Le mâle, porteur d'un seul exemplaire de ce gène, ne peut donc le transmettre que par son chromosome X et ne peut être que roux (si le gène est dominant) ou non roux (si le gène est récessif). La femelle, porteuse de deux exemplaires de ce gène peut donc être rousse (si les deux gènes sont dominants), écaille de tortue (si un seul des gènes est dominant) ou non rousse (si les deux gènes sont récessifs).

Même si la plupart des lois de l'hérédité fonctionnent sur le principe du dominant ou du récessif, il existe une exception à la règle : la dominance incomplète. Les deux gènes fonctionnent, mais aucun n'est dominant. Si l'on croise un Siamois seal point et un Burmese brun, on obtient un Tonkinois : un chat à la robe de couleur moins foncée que le Burmese, mais à points sombres.

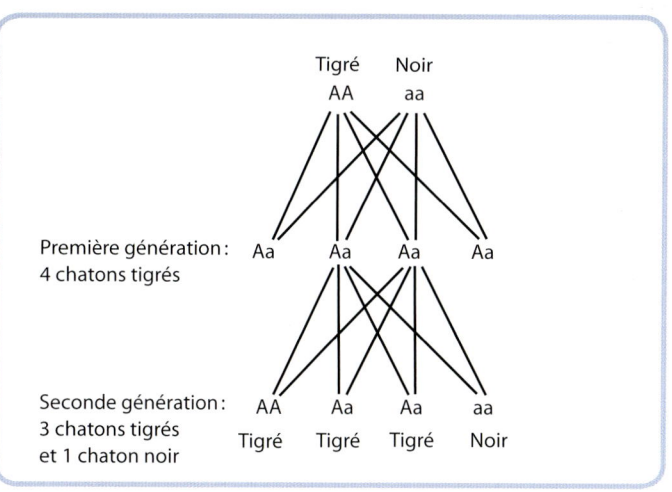

ÊTRE UN CHAT, C'EST QUOI ?

Pour en savoir plus...   31   61   62

CHASSEUR MAIS CASANIER

Propriété privée, défense d'entrer

Les termes « territoire » et « domaine vital » sont très souvent considérés comme interchangeables par les propriétaires de chats, mais pour les éthologues ils n'ont pas la même signification : le territoire est l'aire spécifique que le chat défendra contre l'intrusion de congénères, alors que le domaine vital est l'espace habité par le chat. Le territoire est généralement plus petit que le domaine vital. Mais les concepts de territoire et de domaine vital varient selon les espèces animales.

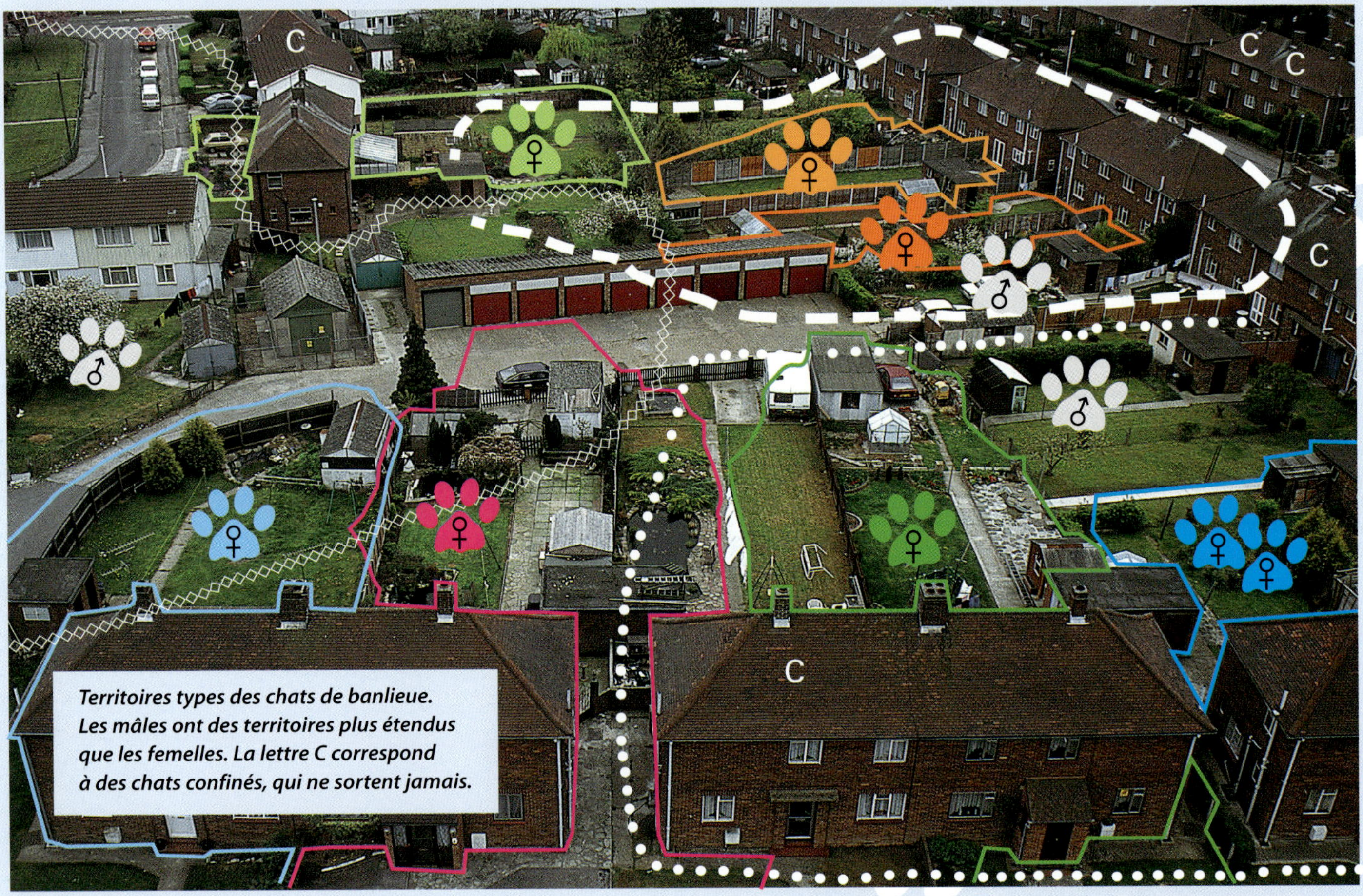

CHASSEUR MAIS CASANIER

Territoires types des chats de banlieue. Les mâles ont des territoires plus étendus que les femelles. La lettre C correspond à des chats confinés, qui ne sortent jamais.

La quête de nourriture

La recherche de nourriture est un besoin commun à tous les animaux et le milieu où ils vivent détermine les sources dont ils disposent, les moyens les plus efficaces d'y accéder et leur structure sociale. Un milieu ouvert encourage les herbivores à venir brouter en groupes et se révèle donc plus propice aux prédateurs qui chassent en meutes (les loups, par exemple). L'inverse vaut pour les milieux fermés, plus favorables à des chasseurs solitaires comme les chats. Mais qui dit chasseur solitaire dit zone de chasse individuelle et donc territoire âprement défendu.

Le domaine vital

Dans les années 1970, les chats étaient considérés comme nos amis s'ils nous tenaient compagnie et comme des animaux nuisibles s'ils erraient dans la nature. Mais les chats harets ne sont pas si différents qu'on le pensait des chats de compagnie. La principale étude de Roger Tabor, l'auteur de cet ouvrage, entamée en 1977, avait pour cadre Fitzroy Square, au cœur de Londres. Les chats harets faisaient les poubelles dans le quartier, mais ils étaient également – et copieusement – nourris par des âmes charitables. Le domaine vital des mâles couvrait environ 2 hectares, celui des femelles à peine plus de 0,2 hectare. La densité de population tournait autour de douze individus par hectare.

Des études similaires sur des chats de compagnie vivant dans des quartiers très peuplés à la périphérie de Londres ont été

Le mâle protège les femelles de son groupe des congénères d'autres groupes et se révèle le garant de la stabilité sociale dans une communauté dont les individus ont un lien de parenté. La femelle constitue l'unité de base et détermine l'utilisation de l'espace. Où qu'elle soit, elle bénéficiera toujours de l'espace nécessaire à sa protection. Le mâle défend un espace au sein duquel les femelles avec lesquelles il est le plus susceptible de s'accoupler pourront élever leurs petits en toute sécurité. Lorsque la nourriture est abondante à un endroit donné – autour des poubelles, près d'un ami des bêtes – les chats possèdent un domaine vital partiellement commun. Mais là où la nourriture est rare, les domaines vitaux des femelles ne coïncident guère.

Les chats de compagnie

En banlieue, les domaines vitaux sont plus restreints parce que les chats nous considèrent à la fois comme une source de nourriture et comme des congénères. Un chat de compagnie forme son propre groupe avec ses propriétaires et partage son territoire avec eux. Une chatte considère son maître comme un membre de son groupe et une chatte voisine comme un membre d'un autre groupe, d'où un comportement territorial différent. Les mâles ont un domaine vital qui coïncide en partie avec les domaines vitaux des femelles et fixent l'étendue de cet espace en fonction de ces dernières. Mais c'est à leur avantage, car leur espace vital est toujours trois à dix fois supérieur à celui des chattes, lequel se limite approximativement au jardin de leur propriétaire.

faites. Même si les chats de compagnie sont des animaux domestiques, leur domaine vital n'a jamais été limité (bien que leurs propriétaires aient aujourd'hui davantage tendance à les confiner en permanence) et ils se jouent des frontières de toutes natures. Mais ils ne se promènent pas n'importe où : ils fixent leurs propres limites territoriales, gardant un œil sur les congénères des voisins. Dans l'une des zones d'observation, constituée de maisons mitoyennes du 19e siècle entourées de jardinets et abritant vingt chats par hectare, on s'est aperçu qu'une femelle stérilisée ne possédait, en général, qu'un territoire de 0,029 hectare. Le mâle castré disposait de 0,11 hectare, le mâle entier de 0,18 hectare. Apparemment, nos minous d'appartement étaient prêts à se contenter de domaines vitaux plus réduits que les chats harets urbains.

En revanche, selon une étude sur des chats harets vivant à la campagne, les femelles disposaient d'un domaine vital d'environ 6 hectares et celui des mâles était beaucoup plus vaste. La densité de population de ces chats ruraux était cent fois inférieure à celle des chats harets des villes. Une constatation d'autant plus surprenante que ces deux groupes d'étude vivant dans un environnement totalement différent avaient en commun d'être en partie nourris par des amis des bêtes et de vivre à l'air libre. Pourquoi les chats forment-ils une population beaucoup plus dense en milieu urbain ? Essentiellement parce que la nourriture y est plus abondante. La taille du domaine vital du chat coïncide avec l'espace dont il a besoin pour obtenir sa nourriture. Autrement dit, la ville offre des restes de nourriture en plus grande quantité que la campagne. Le chat est un excellent pilleur de poubelles et de décharges et trouve toujours un citadin charitable pour lui donner à manger. Ce qui explique pourquoi les milieux urbains ont absorbé autant de chats harets.

Mâles et femelles

Même s'ils sont plus gros, les besoins alimentaires des mâles ne sont pas beaucoup plus importants que ceux des femelles, alors pourquoi leur domaine vital est-il trois à dix fois plus vaste que celui des chattes ? Des études sur les chats sauvages ont montré une même disproportion. Au sein d'un groupe, le domaine vital du mâle et celui des femelles se recouvrent en partie.

CHASSEUR MAIS CASANIER

17 Un territoire à géométrie variable

Le territoire du chat n'a pas une étendue fixée de manière définitive : il varie selon les saisons, voire en fonction des congénères du voisinage. L'hiver, le chat de compagnie ne s'aventure pas beaucoup à l'extérieur. L'été, il a ses endroits favoris dans le jardin, au soleil ou à l'ombre, pour paresser. Il a aussi des lieux de prédilection pour faire ses besoins et des « postes de surveillance » situés le plus souvent en hauteur.

CHASSEUR MAIS CASANIER

Le chat et son chez-soi

Le territoire du chat à l'intérieur de la maison ou de l'appartement, là où vous êtes le plus souvent en contact avec lui, peut être assimilé à la partie centrale commune des domaines vitaux d'un groupe de chats harets urbains (cf. pages 30-31). L'espace commun à vous et votre animal varie selon l'utilisation que vous faites de votre jardin. En général, le domaine vital d'une femelle se limite au jardin, le dépassant parfois légèrement, tandis que les mâles se montrent plus gourmands. Vous opérez une transition entre l'intérieur et l'extérieur quand vous ouvrez la porte d'entrée ou installez une chatière. Les chatières peuvent devenir des lieux de tension sociale, mais leurs avantages sont bien supérieurs à leurs inconvénients.

Un seul territoire, plusieurs chats

Le développement des foyers à plusieurs chats a eu des conséquences à la fois positives et négatives sur le territoire de nos chers félins. Quand nous possédons plusieurs individus, notre maison se rapproche d'une véritable communauté de chats. L'arrivée d'un nouveau congénère chez les voisins est suivie d'une période d'adaptation territoriale souvent source de tensions, mais les choses s'arrangent en général assez vite. Et plus vous fréquenterez vos voisins, plus les chats de chaque foyer feront preuve de tolérance les uns envers les autres, élargissant ainsi leur perception du groupe. Dans ce type de contexte, des événements qui ne se produiraient normalement qu'au sein d'un groupe peuvent survenir entre chats voisins. Par exemple, lorsqu'un chat rapporte une proie dans son jardin, le chat des voisins, dont la présence a été autorisée par le chat propriétaire du jardin, va s'approcher d'un air intéressé, mais n'interviendra pas, sauf s'il se montre particulièrement agressif. Si la proie s'échappe, la situation sera tout autre. Le chat qui a perdu son déjeuner ou son dîner va retourner aux différents endroits du jardin imprégnés de l'odeur de la proie pour les inspecter minutieusement... et le chat des voisins, jusqu'alors considéré comme un membre du groupe, va certainement faire de même !

Pour en savoir plus... 18 19 26 50 51

18 Je laisse ma trace, donc je suis

Le chat étant bien souvent incapable d'embrasser d'un seul coup d'œil son territoire, il y laisse des messages odorants et interprète ceux de ses congénères. Ce petit félin est particulièrement doué pour reconnaître les odeurs. Nous pouvons en détecter certaines, comme l'urine forte d'un mâle (cf. page 34), mais d'autres sont trop subtiles pour nous.

Se frotter surtout le menton

Le chat utilise en priorité les grosses glandes sébacées sécrétant des substances odorantes situées le long de ses lèvres et sur son menton pour se frotter contre les objets. Allongé par terre, vous le voyez tendre son cou et frotter son menton contre le sol. C'est qu'il est attiré par l'odeur laissée par les glandes anales d'un congénère ou une autre odeur significative. Tantôt votre animal se contente de frotter allègrement son menton contre le sol, tantôt son comportement est plus obsessionnel avec une alternance de reniflements et de frottements résolus. Une fois la séance de frottements terminée, le chat ne s'intéresse plus guère à cet endroit.

Se frotter contre les objets

Bien que les chats possèdent très peu de glandes sudoripares, ils ont des glandes sébacées pour protéger leur poil et produire des substances odorantes. Ces glandes sont situées sur les lèvres et le menton, le dessus de la tête et le haut de la queue. Si nous caressons notre animal ou s'il se frotte contre nous, nous nous imprégnons de son odeur, ce qui nous identifie comme des membres du groupe.

Observez votre chat dans le jardin. Son attention est attirée par une plante en pot ou un petit muret. Il renifle soigneusement l'objet pendant cinq secondes environ, puis se frotte à cet endroit. Il peut frotter ses joues, mais aussi le côté et le dos de sa tête contre l'objet, puis le renifler à nouveau avant de s'y frotter une nouvelle fois. S'il trouve sur son chemin un buisson ou un morceau de bois, il va passer beaucoup de temps à y frotter le coin de ses lèvres, la bouche entrouverte. Et il pourra même y frotter tout son corps. Ce comportement est appelé « frottement de contact » : il crée une identité commune entre les chats d'un même foyer et les individus d'une colonie de chats harets tout en favorisant les liens sociaux.

Faire ses griffes

Si le chat frotte ses griffes sur un tronc d'arbre ou tout autre objet en bois, ce n'est pas seulement pour les entretenir, mais aussi pour marquer son territoire ou afficher sa dominance. D'ailleurs, les chats font davantage leurs griffes devant des congénères que seuls. Il leur arrive cependant de les faire devant leurs propriétaires, avec lesquels ils partagent leur territoire.

CHASSEUR MAIS CASANIER

Pour en savoir plus... 19 41 49 59 88 90 100

19 Un titre de propriété

Les jets d'urine chez le chat constituent une autre forme de marquage territorial. Même si les femelles peuvent aussi déposer leur urine, elles le font moins souvent que les mâles. L'urine d'un mâle entier est particulièrement forte. Les mâles castrés peuvent également marquer leur territoire de cette façon, mais leur urine n'a pas une odeur aussi pénétrante.

CHASSEUR MAIS CASANIER

J'urine donc je suis le maître des lieux

En faisant le tour du propriétaire, le mâle entier va se tourner dos à un objet en hauteur, se raidir sur ses pattes, soulever son arrière-train et, la queue dressée et le corps frémissant, émettre un jet d'urine à l'odeur puissante. Chez les chats harets vivant à la campagne, on sait que les mâles non castrés urinent plus souvent si une femelle en chaleur se trouve à proximité. On a constaté qu'ils pouvaient uriner jusqu'à soixante-trois fois par heure sur leur territoire ! À cette fréquence, ce n'est pas pour soulager leur vessie… Les jets d'urine utilisés dans le marquage du territoire sont généralement peu abondants.

J'urine pour me rassurer

Émettre des jets d'urine pour ensuite renifler l'odeur qu'ils dégagent semble rassurer notre propriétaire terrien à quatre pattes. La fréquence des marquages peut s'accroître dans une zone propice aux conflits territoriaux. Les chatières, des points de passage clés, sont les plus visées par les jets d'urine en cas de conflit. Lorsque votre chat passe par la chatière, il y laisse son odeur. Par conséquent, il reniflera sa chatière de temps en temps pour vérifier si l'odeur qu'il perçoit est bien la sienne ou celle d'un intrus. Une odeur inhabituelle peut le rendre méfiant : il mettra plus de temps qu'à l'ordinaire pour s'aventurer à l'extérieur.

Les emplacements choisis par le chat pour se rassurer ne relèvent pas du hasard : ce sont principalement des zones de passage, en particulier les zones de chasse, tandis que les limites du domaine vital sont moins marquées, ce qui montre bien la différence entre territoire et domaine vital (cf. pages 30-31). Les chats ne jouent pas les sentinelles par plaisir, mais pour se rassurer et montrer, comme il est d'usage de le faire, qu'ils sont les maîtres des lieux. Le fait que les mâles passent plus de temps à explorer l'odeur de l'urine d'autres mâles entiers d'origine inconnue que celle des mâles de leur groupe ou d'un groupe voisin montre bien que les marquages par jets d'urine sont essentiellement motivés par l'instinct de propriété.

Pour en savoir plus… 8 46 50 89

20 La proie, cet objet du désir

C'est dans la nature du chat de chasser. Même un chat de compagnie bien nourri n'a pas perdu l'instinct qui le pousse à guetter sa proie, bondir dessus et la tuer. Les chatons apprennent à chasser au bout de quelques semaines et leurs jeux, faits de bondissements, d'embuscades, de poursuites et de courses folles, leur permettent de perfectionner leurs techniques de chasse.

CHASSEUR MAIS CASANIER

La loi du moindre effort

Nous imaginons toujours qu'une partie de chasse se déroule de la façon suivante : affût, poursuite, capture, mise à mort. Mais si l'affût est fréquemment utilisé pour la capture d'oiseaux au sol, il ne convient pas à toutes les situations. Quand votre chat a repéré un oiseau dans le jardin, il alterne mouvement et immobilité, s'approchant, puis se figeant soudain. Il est tellement à ras du sol que ses épaules se relèvent comme celles du guépard. Le volatile tant convoité possède de nombreux atouts dont un champ de vision très large grâce à la position latérale de ses yeux et, évidemment, la capacité de voler.

Les chasses les plus fructueuses sont celles où les proies sont de petits rongeurs. Et, dans ce contexte, les meilleurs chasseurs n'utilisent pas toujours la technique de l'affût. Ils peuvent saisir de belles opportunités en se promenant nonchalamment ou en faisant semblant de dormir. Par exemple, les musaraignes doivent se nourrir toutes les deux heures, de jour comme de nuit, été comme hiver, et sont tellement obnubilées par leur quête de nourriture qu'elles en oublient le bruit qu'elles font en se déplaçant au milieu des feuilles mortes. Au contraire, les campagnols creusent des passages sous terre, ce qui les rend invisibles. Dans les deux cas, dès que le chat entend quelque chose qui bouge, la proie est souvent à moins d'un mètre de lui. Pour mieux localiser le son, le chat tend l'oreille en restant immobile. Inconsciente du danger, la proie peut surgir devant lui, mais le félin peut alors être surpris. Il n'a pas le réflexe de la saisir, mais juste de la toucher avec sa patte.

Le taux de réussite des parties de chasse et le type de proie capturé dépendent d'un certain nombre de facteurs. Si le chat n'a pas appris à chasser dès son plus jeune âge, il ne fera pas un bon chasseur une fois adulte. Un chat adulte chasse plus volontiers et avec un taux de réussite supérieur les espèces qu'il connaît bien parce qu'il les chassait déjà tout petit. Certaines proies sont plus faciles à capturer que d'autres, comme les oisillons et les jeunes lapins inexpérimentés.

Être à l'affût

Les chats de compagnie sont rarement désorientés lorsque leur proie va se réfugier derrière de la végétation ou un objet quelconque et passeront un certain temps à essayer de la faire sortir de sa cachette ou à attendre simplement qu'elle réapparaisse. Si l'animal est rentré dans son terrier, le chat va tenter de le déloger en étirant sa patte à l'intérieur. S'il réussit, il va ensuite tapoter sa proie avec prudence, car les petits rongeurs sont bien armés pour le mordre.

Pour en savoir plus...   6   10   22   39

21 « Jouer » avec sa proie

Après avoir capturé une proie, le chat semble « jouer » avec. La plupart des humains, à commencer par les propriétaires de chats, réprouvent ce comportement en le jugeant aussi cruel qu'inutile. Toutefois, il semblerait qu'il soit tout simplement motivé par la prudence. En effet, en tapotant sa proie avec sa patte, le chat court moins de risques que s'il la saisissait directement dans sa gueule.

CHASSEUR MAIS CASANIER

Un comportement d'autodéfense

Les proies peuvent se défendre, ce que les chats savent pertinemment. Même chez les grands félins, ce qu'on appelle le « jeu de retenue » semble motivé par la crainte d'une blessure. Les taupes se couchent sur le dos pour se défendre, prêtes à mordre farouchement (cf. page 37, photo en bas à droite), tout comme les petits rongeurs. Les infections consécutives à ce genre de morsure peuvent être fatales et il est donc préférable de les éviter. Paul Leyhausen a observé que si un rongeur poussait des petits cris perçants alors que le chat l'avait à peine touché, notre petit félin avait tendance à le laisser tranquille. Entre la capture et la mise à mort, les petits oiseaux ont le temps de s'envoler, et c'est pourquoi le chat tente de les en empêcher en les manipulant pour les étourdir un peu, ce que nous prenons pour un jeu.

Affaiblir sa victime

Le chat manipule sa proie pour l'épuiser et la rendre plus facile à tuer par une morsure à la nuque. Ce comportement s'avère particulièrement efficace avec les musaraignes. Capturées et relâchées pour la première fois, elles se dépêchent de fuir au lieu de rester immobiles, mais elles sont carnivores et toujours prêtes à mordre le nez du chat. S'il réussit à rattraper sa proie, notre félin doit donc éviter à tout prix de se faire mordre. Quand la musaraigne commence à s'épuiser, elle court moins vite et devient plus facile à reprendre.

Si le chat veut tuer sa proie, il doit la relâcher et la mordre à la nuque. Certes, ce chasseur solitaire dispose d'un museau court qui lui donne une morsure puissante, de moustaches ultrasensibles et d'une vue excellente, mais il ne voit pas ce qu'il fait en raison de sa face aplatie. Il est donc obligé d'étourdir sa victime en « jouant » avec. Même si la proie semble assommée, le chat doit vérifier son état avant de se risquer à approcher son museau. Il va donc s'asseoir à proximité en regardant ailleurs, avec un détachement apparent. Si la proie n'est pas étourdie et attend le moment opportun pour échapper à son agresseur, le chat va alors se retourner brusquement vers elle et la poursuivre à nouveau, répétant le même manège jusqu'à ce que sa victime soit hors d'état de nuire… (cf. pages 38-39).

Pour en savoir plus… 2 · 4 · 5 · 20 · 22

22 Avant le coup fatal…

Une fois que le chat a localisé sa proie, il doit agir vite s'il ne veut pas perdre l'avantage. L'une de ses techniques de chasse favorites consiste à bondir sur sa victime pour l'étourdir. Il la manipule ensuite avec sa patte pour se protéger (cf. page 36), puis lui porte le coup fatal en la mordant à la nuque.

CHASSEUR MAIS CASANIER

Bondir sur sa proie…

Si un petit rongeur réussit à éviter la capture ou à s'échapper, le chat va tendre l'oreille pour le localiser à nouveau, puis bondir dessus pour l'assommer. Il se dresse alors sur ses pattes postérieures et se jette en avant sur sa proie, les pattes antérieures tendues. La victime peut pousser un petit cri involontaire au moment où le chat la met K.-O. Lorsque l'herbe est haute, notre félin ne peut pas utiliser une approche progressive qui donnerait largement le temps à sa victime de disparaître. Il tente alors un grand saut. Il s'accroupit et prend appui sur ses membres postérieurs avant de bondir brusquement dans les airs en décrivant une courbe en arc de cercle. Il prend moins de risques pour chasser un oiseau, mais n'utilise pas toujours l'affût. Si le volatile est perché sur une branche basse, un chat expérimenté va foncer sur lui d'un seul bond et le saisir entre ses pattes.

…et la tuer

Tandis que certaines espèces de chats sauvages mordent directement leur victime à la nuque pour la tuer, la plupart des chats commencent par l'étourdir d'un coup de patte pour des raisons de sécurité. En effet, les chats domestiques ne tuent généralement leur proie qu'après l'avoir assommée, même si dans certains cas ils la mordent pour la capturer, la tuant ainsi sur le coup.

On s'est récemment aperçu que les chats mordaient le plus souvent leur victime entre les vertèbres cervicales, dans la moelle épinière. Les signes suivants lui donnaient à penser que la proie était mortellement blessée : yeux révulsés, convulsions de l'arrière-train et des membres, queue raidie.

Les canines du chat sont dotées de nombreux récepteurs de stimuli mécaniques. Lorsqu'elles percent la chair et touchent un os, leurs récepteurs informent le chat qui peut alors ajuster sa morsure en plantant ses dents entre les vertèbres cervicales pour trancher la moelle épinière. Après examen aux rayons X de nombreux petits rongeurs tués par des chats, aucun signe d'atteinte des vertèbres cervicales n'a été découvert.

Pour en savoir plus…   2   16   21   39   40

Un chasseur prêt à s'éveiller

Le comportement d'un chat qui chasse un oiseau et celui d'un chat qui chasse un petit rongeur offrent à la fois des différences et des similitudes. Des analyses ont été faites grâce à des films documentaires montrant des chats en train de chasser ces deux types de proies. Ces documents nous permettent d'en savoir un peu plus sur les techniques de chasse de nos petits félins. Dans les deux parties de chasse décrites ici, la proie réussit finalement à s'échapper.

CHASSEUR MAIS CASANIER

Le chat et l'oiseau

Le chat capture un jeune rouge-gorge et le rapporte dans son jardin (son territoire). Il choisit un endroit particulier où s'étendre et relâcher l'oiseau. Il tapote sa proie avec sa patte antérieure droite, elle s'échappe et il la reprend immédiatement. Dans les minutes qui suivent, ce petit manège se répète plusieurs fois : le chat relâche l'oiseau, s'éloigne, revient, tapote le volatile… qui s'échappe pour être capturé à nouveau.

Soudain, un autre chat du même foyer apparaît. Profitant d'un instant d'inattention des félins, l'oiseau volette un mètre plus loin et le second chat le suit et le renifle. Le rouge-gorge reste immobile, comme c'est souvent le cas après plusieurs captures, ce qui éveille la méfiance du chat. Notre second félin n'est pas un chasseur émérite ; au lieu d'essayer de tuer sa proie, il la renifle et s'éloigne. Le premier chat s'éloigne lui aussi à environ trois mètres de l'oiseau, à l'endroit exact où il l'a déposé la première fois. Une telle indifférence apparente n'est pas rare. Face à une proie immobile, le chat adopte l'un des deux comportements suivants : il tapote à nouveau sa proie pour tester son état ou attend pour lui laisser le temps d'essayer de s'envoler, ce qui lui redonne envie de la capturer pour la énième fois. Il bondit alors en l'air et le plaque au sol avec ses membres antérieurs, comme quand il s'adonnait au « jeu de l'oiseau » dans son enfance (cf. page 63).

À ce stade, le rouge-gorge, resté immobile pendant près de cinq minutes, regarde prudemment autour de lui. C'est ce que le premier chat semblait attendre ; il s'approche de sa proie, la renifle, puis s'assoit, hume l'air et détourne son regard. Malgré une indifférence feinte, il a l'œil sur l'oiseau. Au bout de deux minutes, après avoir jeté un coup d'œil au chat et senti qu'il pouvait s'échapper, le volatile s'envole et atterrit six mètres plus loin sur un mur recouvert de lierre de deux mètres cinquante de haut. Le chat le poursuit et revient, la proie dans sa gueule. Il ne s'est écoulé que dix secondes entre le moment où l'oiseau s'est envolé et celui où il a été repris par le chat.

Le chat dépose l'oiseau à l'endroit initial et détourne son regard… pour le refocaliser aussi vite sur sa proie. S'il regarde rapidement ailleurs, c'est pour se conforter dans l'idée qu'il a bel et bien la situation en main, et une fois qu'il a de nouveau l'oiseau dans le collimateur, il hume l'air et retrousse légèrement les babines, comme une brève réaction de flehmen (cf. page 17). Le chat répète ces mouvements (changements de direction du regard et réponses de flehmen) pendant trente secondes, puis se lève et va se poster à un mètre derrière l'oiseau. Il continue de regarder ailleurs et d'humer l'air. Au bout de quelques minutes, il revient près de sa proie, la renifle brièvement, puis s'assoit à nouveau et détourne son regard. Il pose sa patte antérieure gauche sur la queue du rouge-gorge et se couche dans la pose d'un sphinx tout en demeurant vigilant. Répétant sa tactique initiale, il tapote le dos de l'oiseau… qui réagit en essayant de s'envoler.

Le chat le saisit d'une patte, le plaquant au sol une fraction de seconde après sa tentative de fuite. Mais dans les soubresauts qui l'agitent, l'oiseau change soudain de direction, vire à 90° et échappe cette fois définitivement au chasseur. Durant les

quatorze minutes que durait cette scène, l'oiseau a effectué au moins huit tentatives de fuite avant d'avoir la vie sauve.

Le chat et le petit rongeur

Ce même chat rapporte un petit rongeur dans son jardin et le dépose dans l'angle d'un escalier en brique et en pierre : un endroit idéal pour son manège habituel (« relâcher/reprendre »). La partie de chasse se présente de la même manière que la précédente, mais ici le chat se roule par terre plusieurs fois, apparemment pour inciter le petit rongeur à s'enfuir. Lorsque sa proie tente de s'échapper, il l'empêche d'aller plus loin en lui barrant la route avec une patte, mais prudemment, pour éviter d'être mordu. Sa peur est d'ailleurs justifiée, car quand il approche sa tête du petit rongeur en se roulant par terre, ce dernier tente de mordre son oreille au passage. Quelques secondes plus tard le chat approche son nez de sa proie, laquelle tente à nouveau de le mordre. Mais le félin recule sa tête à temps.

Le rongeur utilise des ouvertures présentes dans les briques de l'escalier pour échapper au chat qui enfonce alors sa patte, puis son museau dans le trou.

Quand la proie pousse de petits cris, le chat recule rapidement. Notre félin explore une autre entrée possible pour pénétrer dans l'ouverture, allant et venant plusieurs fois entre les deux entrées. Il finit par déloger sa proie d'un coup de patte, se positionne entre l'ouverture et le rongeur, puis tapote le petit animal. Ce dernier s'échappe alors dans le jardin, laissant son refuge derrière lui. Au bout d'un mètre il s'immobilise… et le chat aussi. Vingt secondes plus tard le chat tapote le petit rongeur qui pivote sur le dos et tourne comme une toupie, la bouche ouverte, essayant de mordre la patte du chat. Puis il se faufile sous le chat qui a un mouvement de recul. Le petit rongeur trouve alors refuge dans les hautes herbes. Le chat donne maintenant de violents coups de patte dans toutes les directions, sentant que sa proie va lui échapper. Le rongeur pousse des cris, ce qui incite notre chasseur à la prudence. Il finit quand même par bondir dessus mais, entendant un cri, préfère reprendre la méthode du tapotement. Puis il s'arrête, reste assis en regardant ailleurs pendant trente secondes, hume l'air plusieurs fois et bondit soudainement sur sa proie après l'avoir entendue crier. Le rongeur crie à nouveau, le chat le tapote une nouvelle fois, détourne son regard et hume l'air. Il est trop tard. Le petit rongeur réussit à s'échapper pour de bon. Durant les onze minutes de cette scène de chasse, le seul objectif du petit rongeur était de trouver refuge quelque part pour échapper au chat, d'abord derrière les briques de l'escalier, puis dans les hautes herbes.

23 Le chat : toujours à l'affût

De nombreux propriétaires de chats déplorent que leurs compagnons rapportent des oiseaux à la maison et ceux qui ne possèdent pas de chat sont convaincus que ces félins déciment la population aviaire. Cependant, il n'est pas certain que nos chats domestiques, en particulier ceux retournés à l'état sauvage, aient un effet dévastateur sur la faune locale.

CHASSEUR MAIS CASANIER

Toute la vérité

Les proies ne sont pas nécessaires à la survie des chats domestiques des zones urbaines et suburbaines et l'étendue du domaine vital de ces derniers (cf. page 32) ne dépend pas de leur abondance. La plupart des gens considèrent les chats comme une menace pour la faune locale, mais c'est à tort, et ce pour trois raisons principales. D'abord, tous les chats ne sont pas de bons chasseurs et la majorité ne capturent des proies qu'occasionnellement. Ensuite, les chats vivant en milieu urbain capturent beaucoup moins de proies que ceux habitant les zones rurales. Enfin, les chats attrapent beaucoup plus de petits rongeurs que d'oiseaux.

Les chats des villes et des banlieues capturent davantage d'oiseaux que les chats ruraux. Pourquoi ? Parce que ces deux populations sont plus nombreuses en milieu urbain et suburbain qu'à la campagne. Certes, nous possédons des chats de compagnie, mais nous nourrissons les oiseaux en mettant à leur disposition des lieux de nidification artificiels (nichoirs) et nos jardins, remplis d'insectes et de vers de terre, font d'excellents habitats pour ces volatiles. Ainsi, les populations féline et aviaire se portent bien, voire très bien, dans nos banlieues, car nous leur offrons de la nourriture et un abri. Ne pas avoir de chat pour pouvoir nourrir tranquillement les oiseaux ou préférer les chats aux oiseaux ne change rien au fait qu'il y aura toujours beaucoup de chats et d'oiseaux autour de nous.

Quid des mangeoires

Toujours est-il qu'installer une mangeoire dans un jardin fréquenté par des chats revient à leur apporter leur repas sur un plateau vous dites-vous. Détrompez-vous. Avoir à la fois des oiseaux et des chats n'est pas incompatible !

Il est facile de rendre votre mangeoire moins attrayante pour les chats. Choisissez-en une qui ne leur facilitera pas la tâche ! Préférez les mangeoires en métal lisse à suspendre aux mangeoires en bois à pieds sur lesquelles nos chers félins ont tendance à grimper. Mais sachez que vous pouvez installez une barrière de protection – un « stop minou » – autour du tronc d'arbre (ou de la perche) sur lequel est fixée la mangeoire, pour empêcher les chats de grimper. Certains propriétaires veulent interdire l'accès de leur mangeoire, non seulement aux chats, mais aussi aux écureuils et aux étourneaux, et utilisent donc une mangeoire couverte et bien protégée.

Le problème avec les tables mangeoires ouvertes aux quatre vents, c'est que si vous les installez à proximité d'une clôture ou d'un mur, les chats ne tarderont pas à sauter dessus ! Les placer au milieu d'une vaste étendue de gazon où les oiseaux n'ont aucun moyen de s'abriter (dans un arbre, par exemple) n'est pas une meilleure idée. Les oiseaux ont besoin de congénères autour d'eux pour les rassurer et savoir qu'ils peuvent manger en toute sécurité. Aussi, une mangeoire isolée sera délaissée, alors qu'une mangeoire située près d'un buisson dans lequel de nombreux oiseaux peuvent se rassembler sera beaucoup plus fréquentée. Une mangeoire, séparée d'une clôture et d'un arbre par un cognassier du Japon (*Chaenomeles japonica*), a la cote auprès des oiseaux. De plus, cette plante fleurit précocement et sa durée de floraison est très longue. Mais son principal atout reste ses épines acérées que les chats redoutent, mais sur lesquelles les oiseaux attendent leur tour pour venir se nourrir.

Les peurs cristallisées autour des chats et des mangeoires sont infondées, tout simplement parce que les chats ne capturent pas les oiseaux sur une mangeoire. Le risque est, au contraire, que les oiseaux se nourrissent au sol et soient pris en chasse par le chat. Il est donc préférable d'offrir une mangeoire à vos volatiles et d'éviter qu'elle ne se renverse !

Pour en savoir plus... 20 21 22

24 De gros besoins en sommeil

Le sommeil varie selon le mode de vie des espèces. Le paresseux, par exemple, qui se déplace avec une lenteur incroyable, passe plus de 80 % de son temps à dormir, tandis qu'un petit prédateur comme la musaraigne, qui doit se nourrir toutes les deux heures, ne dort guère. Et le chat dans tout ça ? Même si c'est un chasseur, il est plus grand que la musaraigne, ce qui lui donne le temps de dormir… et même beaucoup !

Un vrai dormeur

Alors que les herbivores, du cheval à l'éléphant, dorment très peu – quatre à cinq heures par jour – puisque leur consommation de très grandes quantités de végétaux les mobilise la majeure partie de la journée, le chat peut dormir beaucoup grâce à un régime alimentaire riche en protéines. Ce mode de vie améliore probablement sa longévité, supérieure à celle que l'on attendrait d'une espèce de cette taille.

Mais si le chat a l'avantage de pouvoir dormir plus que le chien en raison d'une alimentation plus riche en protéines, son statut de chasseur solitaire le prive de la sécurité de la meute. Il a donc besoin d'un mécanisme lui permettant de sommeiller et d'être réveillé instantanément. C'est le rôle de sa troisième paupière translucide appelée membrane nictitante. Dès qu'une ombre passe devant elle, l'animal se réveille aussitôt. En dormant, le chat garde en général ses paupières externes partiellement fermées. Mais parfois ses yeux apparaissent complètement blancs, sans pupille, ce qui lui donne un aspect étrange et inquiète son maître.

CHASSEUR MAIS CASANIER

Le sommeil protecteur des chatons

La mère se trouvant dans l'obligation de quitter ses petits pour aller chasser, il est vital que les chatons ne quittent pas le nid. C'est pourquoi ils naissent à un stade de développement moins avancé que la plupart des mammifères et ont besoin de dormir énormément dans les jours qui suivent leur naissance. Ce sommeil profond a une durée approximative de douze heures. Au bout d'un mois, les chatons adoptent le rythme de sommeil des chats adultes.

Pour en savoir plus…   4   25   26   76

25 Un sommeil différent du nôtre

Bien que les chats dorment beaucoup, leur sommeil ne coïncide pas forcément avec le nôtre, comme vous avez pu le constater si vous avez été brusquement réveillé(e) à cinq heures du matin par les miaulements insistants de votre compagnon tout juste rentré d'une petite expédition nocturne. De plus, ce petit félin ne dort pas d'une traite : son sommeil est fractionné en petits sommes entrecoupés de phases actives.

CHASSEUR MAIS CASANIER

Les types de sommeil

Les chats ont l'habitude de dormir par petits sommes. Mais après s'être endormis, ils passent par une phase de sommeil léger d'environ trente minutes suivie d'un sommeil profond, plus bref, qui dure environ sept minutes. Pendant le sommeil léger, le chat peut être facilement réveillé. Lorsqu'il entre dans la phase de sommeil profond, son activité cérébrale est similaire à celle de l'état d'éveil. À moins d'être dérangé, l'animal alterne phases de sommeil profond et phases de sommeil léger. Il passe au total environ 30 % de son temps de sommeil en sommeil profond.

Durant les phases de sommeil paradoxal, les yeux du chat sont animés de mouvements rapides : c'est la preuve qu'il rêve, comme nous. Il a également de légers sursauts, des frémissements des moustaches et des tremblements des pattes et des oreilles, alors que le reste de son corps est totalement immobile et relâché.

Les modes de sommeil

Chez la plupart des mammifères, le sommeil suit un rythme biologique circadien, c'est-à-dire dont la périodicité est d'environ 24 heures, ce qui correspond au rythme naturel de rotation de la Terre. En général, les prédateurs limitent leurs périodes d'activité à celles où ils sont les plus susceptibles de rencontrer leurs proies. Dans la plupart des régions du monde, en particulier dans les pays tempérés de l'hémisphère Nord, les petits rongeurs partent à la recherche de proies à la tombée de la nuit, car le jour ils sont à la merci de nombreux prédateurs. Les chats ont donc développé une vision et des techniques de chasse nocturnes. Et c'est ce qui explique qu'ils dorment la majeure partie de la journée pour être au mieux de leur forme dès le crépuscule.

Ce comportement peut être inversé dans certaines conditions. Par exemple, l'Australie est le seul continent où les reptiles constituent le menu principal des chats harets. Comme ces animaux ne peuvent fonctionner que grâce à la chaleur du soleil, ce qui les rend actifs le jour, les chats ont adapté leurs horaires de chasse et de sommeil à cette situation particulière.

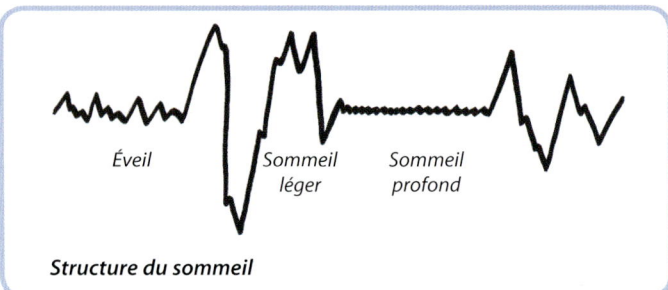
Structure du sommeil

42 Pour en savoir plus... 24 26 27 76

26 Où et comment dormir ?

L'image du chat qui dort en boule devant la cheminée évoque le bien-être et le confort. Cependant, l'animal qui a bien chaud aura plutôt tendance à étirer son corps et ses pattes pour évacuer un peu de chaleur. Alors si votre chat est pelotonné, c'est qu'il trouve qu'il fait frisquet !

CHASSEUR MAIS CASANIER

En boule… et au chaud ?

La position que les animaux adoptent pour dormir dépend beaucoup de leur taille, de la forme de leur corps et de la température externe. Les chats prennent les positions types des carnivores : soit ils se couchent en sphinx, la tête sur le sol et les pattes repliées sous le menton, soit ils se mettent en boule de manière plus ou moins ramassée selon la température ambiante.

Les chats ont besoin de se sentir en sécurité pour dormir et les plus inquiets suivent tous les déplacements de leur maître dans la maison afin d'être toujours près de lui. Certains chats sont très exigeants sur leur lieu de couchage. Dans la maison comme dans le jardin, ils ont leur endroit de prédilection selon les saisons : l'hiver ils aiment s'installer près du radiateur, mais l'été gare aux usurpateurs qui veulent aussi leur place au soleil dans le jardin ! Car le chat maître des lieux n'aime pas partager !

Pour en savoir plus… 17 24 25 75

CHASSEUR MAIS CASANIER

27 Les rituels du réveil

Comme nous, les chats bâillent en se réveillant. Mais dans la relation maître/animal, le bâillement possède une autre signification : c'est un moyen pour le chat de se rassurer et un signe de bienvenue à l'égard de son propriétaire. Si vous entrez dans une pièce et vous approchez de votre compagnon à peine sorti des bras de Morphée, votre apparition soudaine va produire chez lui un « bâillement de reconnaissance ».

Un adepte du stretching

En se réveillant, le chat bâille la bouche grande ouverte et la langue relevée en forme de louche. En même temps, il étire ses pattes. S'il ne compte pas refaire un petit somme mais se lever pour aller jeter un coup d'œil dans son assiette, il raidit ses membres et devient très haut sur pattes. Il ramasse son corps pour arquer son dos au maximum et dérouiller ses articulations. Il fait ensuite quelques pas, mais uniquement pour se préparer au prochain rituel du réveil : le grand étirement en avant. L'animal étire vers l'avant ses membres antérieurs, le menton près du sol, en levant son arrière-train et sa queue.

Sa grande souplesse lui permet d'avoir le dos complètement creusé. Il refait quelques pas et, cette fois, se penche en avant pour étirer à fond ses membres postérieurs vers l'arrière en aplatissant son dos.

Un dos à toute épreuve

Ces exercices d'échauffement et d'assouplissement de la colonne vertébrale exécutés en contraction isométrique permettent au chat de rester en pleine forme. Car n'oublions pas que la souplesse de son dos lui est essentielle pour allonger son pas en courant et pouvoir se lécher partout, ou presque.

Pour en savoir plus... 1 2 22 28

28 La toilette, c'est sacré !

La toilette est une activité centrale dans la vie du chat. Nous disons souvent que ces animaux ne pensent qu'à manger et dormir, mais nous oublions qu'ils passent entre un tiers et la moitié de leur période d'éveil à se lécher. Rien d'étonnant à ce qu'ils soient si fatigués et aient besoin de tant de sommeil !

Un léchage efficace

Le chat possède un corps d'une souplesse extraordinaire qui lui permet de se lécher facilement partout, ou presque. Avec quelques efforts, il peut même atteindre le milieu de son dos ! Sa langue râpeuse (cf. page 16) constitue un peigne très efficace. En se léchant, il accumule des poils morts qu'il avale en partie pour les régurgiter plus tard sous forme de boules de poils. Chez certains chats, l'accumulation des poils dans l'intestin peut favoriser son obstruction, d'où la nécessité de les toiletter régulièrement. Le léchage peut être particulièrement long et problématique chez les chats à poil long, surtout les Persans, pour lesquels un toilettage quotidien s'avère indispensable.

Un effet thermorégulateur

La langue du chat représente aussi une éponge très efficace : ses papilles peuvent contenir une grande quantité de salive. D'où l'importance du léchage comme régulateur de la température interne. Pour éviter de transpirer, d'avoir un poil humide et donc d'attraper froid, le chat ne possède que des glandes sudoripares très localisées, en particulier sur ses coussinets plantaires. Par temps chaud, il compense son manque de glandes sudoripares par un léchage minutieux : la salive déposée sur le poil rafraîchit l'animal en s'évaporant. Par temps froid, un léchage tout aussi soigné permet au poil d'emprisonner une couche d'air isolante qui tient chaud à notre félin.

Un acte hygiénique et rassurant

La toilette obéit à deux autres fonctions : limiter les infestations parasitaires et permettre au chat de déposer sa propre odeur sur l'ensemble de son poil et, par là même, de prendre connaissance des odeurs étrangères avec lesquelles il a été en contact. Après avoir caressé un chat, nous remarquons qu'il se lèche minutieusement pour retrouver sa propre odeur. Le léchage frénétique consécutif à l'accouplement est motivé par ce même besoin de réintégrer son odeur personnelle.

CHASSEUR MAIS CASANIER

Pour en savoir plus...   31   33   66   81   85

FAMILLES DE CHATS

Félinité, féminité, maternité

On a longtemps associé le chien à l'homme et la femme au chat, reflet du rôle des deux sexes et de ces deux animaux au cours de l'histoire : les hommes partaient chasser avec leurs chiens pendant que les femmes restaient au foyer en compagnie d'un chat, qui dormait près de l'âtre. Aujourd'hui, le chat et la féminité sont si indissociables que les publicitaires n'hésitent pas à mettre en scène un chat racé allongé près d'une femme élégante pour donner une image glamour à leur produit.

Déesses de la fécondité

Avant l'essor du christianisme, toutes les religions d'Europe vénéraient une déesse-mère, symbole de fécondité malgré sa virginité éternelle. Pour les Grecs c'était Artémis et pour les Romains Diane. La déesse égyptienne Bastet était associée à la fertilité féminine, à l'amour, à la danse et à la Lune.

Lorsque le Grec Ptolémée 1er devint pharaon, il fit graver des inscriptions dans la pierre d'un temple situé près de la nécropole de Beni-Hasan, consacré à la déesse à corps de femme et à tête de chat, et le nomma « Temple d'Artémis ». Diane était une divinité lunaire, célibataire et protectrice des femmes. Lorsque Typhon déclara la guerre aux autres dieux, Diane lui échappa en se transformant en chat ! À Londres, la cathédrale Saint-Paul fut édifiée sur le lieu d'un culte consacré à Diane. Il est étrange de penser que le culte de la déesse Bastet ait pu avoir lieu sur le même site que celui de Diane, celui de l'actuelle cathédrale Saint-Paul, dans la ville nommée *Londinium* par les Romains.

FAMILLES DE CHATS

Bastet, figure centrale du panthéon égyptien

Bastet, la principale déesse-chatte égyptienne, était vénérée à Bubastis, littéralement « la ville de Bastet ». À l'occasion d'un grand pèlerinage annuel, des milliers d'adorateurs, ou plutôt d'adoratrices, de la déesse venaient chanter, danser, boire et jouer du sistre dans la cité. Les anciens Égyptiens croyaient que la taille de la pupille des yeux du chat variait avec les phases de la Lune. Même si l'on sait aujourd'hui qu'il s'agit simplement d'une adaptation à l'intensité lumineuse, on jugeait à l'époque le phénomène magique. Le cycle menstruel de la femme obéissant à une périodicité mensuelle, les Égyptiens avaient établi un rapprochement entre la femme, le chat et la Lune.

L'importance de la déesse Bastet nous est révélée par des peintures murales funéraires découvertes près de Louxor. Dans les scènes domestiques, le mari et la femme sont représentés comme ils souhaitaient l'être dans leur vie future, après la mort. Si un chat est présent à leurs côtés, c'est toujours sous le siège sur lequel est assise la femme. Le chat, incarnation de la déesse, est là pour améliorer la fécondité de l'épouse dans l'au-delà.

Malgré tous les efforts des Égyptiens pour empêcher l'exportation de leurs animaux, ce n'est pas seulement la réputation du chat qui s'est propagée hors d'Égypte, mais les chats eux-mêmes ! Les premières représentations de chats domestiques en Italie datent du 4e ou 5e siècle avant J.-C. Cependant, lorsque le christianisme est devenu la religion officielle de l'Empire romain au 4e siècle après J.-C., les autres religions, dont le culte de Bastet, ont été interdites. Alors que le respect des Égyptiens envers les chats a diminué au cours des siècles, en Europe le lien historique entre le chat et la femme a perduré jusqu'à nos jours.

29 Ces hormones qui la gouvernent

Le comportement de la chatte est étroitement lié à son cycle hormonal. Lorsque les jours sont les plus courts (généralement de début octobre à fin janvier), la plupart des femelles sont en période d'anœstrus (état de repos sexuel). Mais, au cours de l'année, elles ont aussi des périodes d'inactivité sexuelle en dehors de leurs périodes de chaleur. L'intervalle compris entre deux œstrus en l'absence d'ovulation s'appelle le diœstrus.

Lorsqu'elle est vraiment réceptive, elle émet de longs miaulements rauques, se roule par terre et se frotte vigoureusement contre le sol avec le dos de sa tête, laissant des substances odorantes dans son environnement. La chatte est la plus réceptive aux avances du mâle entre le 3e et le 4e jour d'œstrus. Si elle s'accouple, ses chaleurs cessent en vingt-quatre heures sous l'influence de la progestérone produite par le corps jaune de ses ovaires. Mais si elle n'est pas saillie, elle peut rester en chaleur une semaine, voire une quinzaine de jours, au maximum.

S'il ne se produit pas d'accouplement, le cycle sexuel de la chatte dure environ trois semaines, mais il est très variable, en particulier selon les races. Chez les Siamois, les périodes de diœstrus sont très courtes, alors que certains Persans ont des chaleurs peu fréquentes. Les chattes siamoises émettent longtemps des miaulements pour signaler leur réceptivité sexuelle et leurs appels semblent alors presque continus !

À quel moment une chatte est-elle prête à s'accoupler ?

En période de prœstrus, c'est-à-dire un à quatre jours avant les chaleurs, la chatte devient plus démonstrative et se frotte davantage la tête contre les objets. Son maître la trouve beaucoup plus affectueuse que d'habitude. Elle peut manifester une préférence pour l'un des mâles qui rôdent autour d'elle, mais ceux qui tentent de s'accoupler avec elle sont aussitôt éconduits : elle exprime son refus en rabattant sa queue contre son arrière-train, voire en donnant de violents coups de pattes à ces messieurs trop pressés !

Lorsque la chatte entre en période d'œstrus, au moment où ses follicules ovariens sont matures, elle se fait encore plus démonstrative, pétrit le sol avec ses pattes et se roule frénétiquement par terre. Elle commence aussi à miauler d'une manière particulière.

Pour en savoir plus... 30 31 62

30 Accusés à tort de mœurs légères

Nos ancêtres médiévaux accusaient les chats de tous les vices possibles, les qualifiant presque de débauchés sous prétexte qu'ils s'accouplaient de façon répétée sur une longue période, que la femelle avait plusieurs partenaires et qu'elle criait avant et pendant la saillie. Mais des études ont révélé que ces comportements étaient nécessaires à la survie de l'espèce.

FAMILLES DE CHATS

Empêcher la consanguinité

Les chats sont attachés à leur territoire, ce qui favorise les mâles du groupe par rapport aux mâles étrangers et assure la stabilité sociale, mais augmente également les risques de consanguinité. À cet égard, Mère Nature a pensé à tout. Chez la plupart des mammifères, l'ovule arrivé à maturité est libéré spontanément. Chez le chat, un mécanisme déclencheur est nécessaire pour libérer l'ovule : le gland du pénis est recouvert de papilles, plus longues chez les mâles les plus matures sexuellement, et qui se redressent pendant le coït. Cela signifie que l'accouplement est indispensable à l'ovulation. Lorsque le mâle retire son pénis, ses papilles sont autant d'épines qui raclent la paroi vaginale et stimulent l'ovulation. L'ovule, libéré entre vingt-quatre et trente heures après l'accouplement, descend le long des trompes de Fallope jusqu'à ce qu'il atteigne l'endroit où il pourra être fécondé. D'autres saillies sont donc nécessaires pour le féconder, d'où la répétition des accouplements sur une longue période.

Les ancêtres sauvages du chat vivaient sur des territoires faiblement peuplés. L'ovule mettant au moins vingt-quatre heures pour devenir fécondable, cela laisse largement le temps à d'autres mâles de s'accoupler avec la femelle réceptive. Aujourd'hui, les densités de population des chats harets urbains et des chats de compagnie étant plus élevées, les mâles disponibles sont de plus en plus nombreux, ce qui augmente la diversité génétique. Mais si les mâles du groupe sont remplacés par des mâles périphériques, pourquoi devraient-ils accepter la présence de la progéniture d'intrus sur leur territoire et continuer à défendre ce dernier ? Parce que sans « brassage » génétique, la survie du groupe serait compromise et, par conséquent, la descendance des mâles de ce groupe. Les accouplements avec plusieurs partenaires permettent aux individus d'une même portée d'être de pères différents, même si la plupart des chatons sont en général ceux des mâles du groupe.

Pour en savoir plus...   29   31   73

31 L'accouplement

Pendant qu'elle est en chaleur, la chatte peut accepter jusqu'à quarante saillies par jour, chacune se déroulant selon un rituel immuable. Dans les chatteries, où un seul reproducteur a le droit d'accéder à la femelle, les accouplements sont interrompus par des pauses allant de cinq à quinze minutes durant lesquelles les deux partenaires se reposent. Lorsque les chats se reproduisent librement, d'autres mâles peuvent venir saillir la femelle réceptive.

Un déroulement immuable

Dans la vie quotidienne, les chats évitent de se dévisager. Mais au cours de leurs nombreux accouplements, le mâle et la femelle se regardent fréquemment. Lorsque le mâle juge qu'il est temps de se remettre à la tâche, il se redresse et émet une douce plainte, une sorte de couinement. Si la femelle est prête, elle s'avance pour ramper sur ses membres antérieurs et relève son arrière-train, adoptant la position de la lordose. Son mouvement libère une bouffée d'odeurs sexuelles, qui excitent le mâle. La femelle regarde alors son partenaire et lui cligne des yeux plusieurs fois pour le rassurer. Il émet alors un appel plaintif. Elle cligne à nouveau des yeux et l'observe. En s'approchant pour se positionner derrière elle, le mâle couine une nouvelle fois, puis saisit la peau du cou de la femelle entre ses dents et chevauche sa partenaire. Ses dents ne pénètrent pas dans la peau, car il n'a pas l'intention de la mordre, mais de la maintenir en place afin qu'elle ne s'échappe pas.

Le mâle piétine sur ses pattes postérieures, arque son dos et commence à exécuter des mouvements de va-et-vient qui amènent son pénis contre la vulve jusqu'à ce qu'il pénètre finalement dans le vagin. Le cri de douleur de la femelle indique que l'intromission du pénis a eu lieu. Elle grogne de plus en plus fort et se met à effectuer des mouvements de tête latéraux. Dans des conditions contrôlées comme celles d'un élevage, il s'écoule moins de dix secondes entre l'intromission totale du pénis et son retrait.

Le mâle maintient fermement la femelle par la peau du cou jusqu'au dernier moment. Elle se dégage ensuite d'un mouvement brusque et tente de frapper son partenaire avec sa patte. Après avoir nettoyé leurs parties génitales, tous deux s'accroupissent le ventre au sol, les pattes antérieures repliées sous la cage thoracique, et se reposent. Parfois la chatte se roule sur le dos à plusieurs reprises.

32 Lorsqu'elle attend des petits…

Vous pouvez soupçonner votre chatte d'attendre des petits si elle se montre beaucoup plus affectueuse que d'habitude. Les chattes errantes ont parfois tendance à revenir auprès des hommes lorsque leur gestation est bien avancée et leur taux élevé de progestérone adoucit alors leur comportement.

FAMILLES DE CHATS

Se préparer à mettre bas

Lorsque la chatte entame les trois dernières semaines de sa gestation, qui dure neuf semaines, elle passe beaucoup de temps couchée sur le flanc, les fœtus en développement devenant de plus en plus lourds à porter. Elle se met également en quête d'un nid pour mettre bas. Si c'est une chatte d'appartement, son maître peut lui arranger l'endroit le plus confortable qui soit. Mais il ne devra pas s'offenser si elle préfère choisir un lieu plus à l'écart. En effet, il ne faut pas oublier qu'au sein d'une population de chats harets, les mâles étrangers au groupe auquel appartient la femelle peuvent tuer ses chatons. Afin d'éviter ces infanticides (et que des prédateurs s'attaquent aux petits en l'absence de leur mère), la chatte suit l'instinct de ses ancêtres : elle cherche l'endroit le plus sûr pour mettre bas et élever ses petits. Les chats harets utilisent des « nids » qui ne sont généralement que des abris de fortune.

L'éducation des chatons incombe uniquement à la femelle. Mais dans la nature le rôle du mâle n'est pas nul. En délimitant un territoire suffisamment étendu pour y inclure la chatte et ses petits, il leur garantit une « zone de ravitaillement » adéquate et une « zone protégée » contre les mâles étrangers. Ainsi, dans une colonie de chats harets, les mâles du groupe n'apportent pas directement de la nourriture aux chatons, mais offrent aux femelles des conditions optimales pour en trouver.

Une portée chasse l'autre

Si la chatte en gestation est encore entourée des chatons, presque adultes, de sa portée précédente, elle peut se montrer hostile vis-à-vis d'eux.

Ce comportement est plus répandu chez les chattes de compagnie qui, en raison du chauffage et de l'éclairage de la maison, peuvent avoir deux portées par an. Il est moins fréquent chez les chattes libres qui n'ont généralement qu'une seule portée par an, comme leurs ancêtres sauvages. Et quand elles sont gestantes (prêtes à mettre bas) les chatons de la portée précédente ont déjà grandi et quitté le nid.

Pour en savoir plus...   29   30   31   33

33 La venue au monde des petits

Certaines chattes veulent être seules durant leur mise bas, d'autres acceptent d'être entourées. Les naissances peuvent ne durer que quinze minutes chacune, mais se succéder à des intervalles variables, parfois de plusieurs heures. Les chattes qui sont mères pour la première fois ont des portées plus petites que les chattes qui ont déjà mis bas, quel que soit leur âge.

Avant et pendant la mise bas

Lorsque la naissance est imminente, la future mère nettoie soigneusement ses mamelles et sa région génitale. Elle passe plus de temps au nid pour l'imprégner de son odeur. Durant le travail, il lui arrive de ronronner. Pour faciliter l'expulsion des chatons, elle s'assoit, une patte postérieure relevée. Cette position lui permet aussi de débarrasser les nouveau-nés des enveloppes fœtales qui les entourent et de lécher sa zone génitale entre deux expulsions.

ombilical avec ses dents et mange le placenta, riche en substances nutritives, après son expulsion. Cela la nourrit pour plusieurs jours et lui permet de rester auprès de ses petits, qui sont alors totalement dépendants d'elle.

Si la mère juge que le nid n'est pas sûr, elle saisit chacun de ses chatons par la peau du cou pour les transporter ailleurs. Dociles, ces derniers se laissent faire. Dans la nature, ce déménagement n'est pas sans risques, car les petits restent seuls pendant les allées et venues de leur mère.

Lorsqu'ils sont nés

À la naissance, les chatons sont humides et sales, mais leur mère ne se contente pas de faire leur toilette. Elle sèche et lisse leur poil pour améliorer ses propriétés isolantes. En effet, le petit corps du chaton a un besoin vital de chaleur. Lécher sa progéniture permet aussi à la mère de se familiariser avec elle. (Il faut savoir qu'une mère peut être trompée et accepter un chaton d'une autre portée, voire un petit d'une autre espèce, en raison d'un sentiment d'étrangeté initial vis-à-vis de sa progéniture.) La toilette des chatons est également destinée à les faire respirer pour la première fois. La mère sectionne le cordon

34 Une mère… chatte

Les chattes font souvent des mères très attentives. Au cours des quatre premières semaines, la mère passe plus de 90 % de son temps en contact avec au moins l'un de ses petits et près de 70 % de son temps dans son nid. Ensuite, et jusqu'au sevrage, qui intervient au bout de huit semaines environ, le contact direct avec ses chatons diminue progressivement pour ne plus représenter que 50 % de son temps.

FAMILLES DE CHATS

Vite, du lait !

Pour allaiter ses petits, la mère se couche sur le flanc, ses quatre paires de mamelles à l'air. Bien qu'au départ les chatons se contentent de sucer les mamelons pour prendre le lait qui vient, à partir de trois semaines ils pétrissent les mamelles avec leurs pattes antérieures pour stimuler la lactation et obtenir davantage de lait. Dans les portées de quatre chatons maximum, les nouveau-nés ont un poids tout à fait convenable. S'ils sont plus nombreux, leur poids moyen à la naissance est inférieur ; la mère produit plus de lait, mais ses réserves ne sont pas inépuisables, de sorte que le poids moyen de ses petits restera toujours inférieur à celui de chatons issus de portées plus réduites.

Les chatons semblent manifester une préférence pour telle ou telle mamelle dans les jours qui suivent leur naissance. J'ai observé une portée au sein de laquelle les chatons avaient déjà fait leur choix dans les heures qui avaient suivi leur naissance et qui n'avaient pas changé d'avis les semaines suivantes. Cette forme d'attachement évite à la mère d'avoir les mamelles lacérées par les coups de griffes de ses petits. On peut également voir là l'émergence du sens du territoire. Il semble que les mamelles les plus convoitées soient celles situées près de la tête de la mère, (mamelles pectorales) : c'est là que les coups de langue affectueux sont les plus fréquents et que les chatons voient le mieux la face de leur mère. Les mamelles les plus éloignées de la tête, dites mamelles inguinales, semblent les plus boudées.

Qui va à la chasse… laisse ses chatons seuls

Au cours de la période de sevrage, la mère qui vit au sein d'un groupe de chats harets doit consacrer l'essentiel de son temps à chasser pour rapporter des proies à ses petits. Non aidée par le mâle dans cette tâche, elle doit laisser ses chatons en lieu sûr et les habituer à être réceptifs au moindre signal qu'elle émet pour les avertir d'un danger. Ainsi, si elle grogne, ils cessent instantanément de jouer et vont se mettre à l'abri.

Pour en savoir plus… 17 20 22 38 40

Petit chaton deviendra grand

Comment ne pas craquer devant un être aussi adorable qu'un petit chaton ? Une bouille bien ronde et de grands yeux innocents rendent ces boules de poils vraiment irrésistibles. Les chatons nous font d'ailleurs penser à nos propres nouveau-nés. Mais leur extrême fragilité à la naissance, qui les rend si attendrissants, ne dure pas longtemps ! Au bout de sept à huit semaines, ils sont sevrés et ont commencé à développer des capacités dont ils auront besoin pour chasser et se défendre.

De la naissance à 3 semaines

Les yeux des nouveau-nés sont fermés à la naissance et le restent dix jours maximum. Les premiers jours les chatons sont presque sourds mais possèdent déjà un bon odorat, ainsi qu'un toucher sensible qui s'est développé au cours de leur vie intra-utérine. Leur capacité à sentir les odeurs et la chaleur leur permet donc de trouver facilement les mamelles maternelles pour téter. Un nouveau-né n'a pas la force de se soulever et de tenir sur ses pattes. Son menton reste constamment au sol, sauf pendant les tétées. Le chaton s'épuise vite et se hisser jusqu'à une mamelle demande un gros effort. Mais il localise d'instinct le mamelon bien chaud de sa mère.

Au bout d'une semaine, les effets bénéfiques d'un allaitement intensif sont déjà visibles. Les chatons ont pris rapidement du poids et leur corps est plus enveloppé. Même si leur ventre reste collé au sol, leurs membres sont plus forts et ils peuvent tenir leur tête. Ils passent encore l'essentiel de

Chatons nouveau-nés

leurs journées à dormir. Leurs oreilles sont minuscules, mais leurs yeux commencent à s'entrouvrir, quoique très timidement, à partir du coin de l'œil. Ils se mettent à faire la différence entre la lumière et l'obscurité. Quand leur mère les quitte, ils restent généralement blottis les uns contre les autres, comme un chapelet de saucisses ! Si l'un d'entre eux tente de sortir du nid, il ne tarde pas à revenir, vacillant sur ses pattes.

Au bout de deux semaines les yeux des chatons sont ouverts mais troubles, ce qui leur donne une vision très floue. Quand ils ne sont pas avec leur mère, les petits préfèrent se tenir chaud et rester agglutinés les uns aux autres. La mère passe beaucoup de temps à faire la toilette de sa progéniture. En les léchant, elle les incite à uriner et à déféquer, puis ingère leurs excrétions pour garder un couchage propre. Les chatons se déplacent toujours en rampant sur leurs pattes vacillantes, mais réussissent à se hisser les uns sur les autres plus rapidement et se montrent plus aventureux. Ils commencent à marcher en tenant leur tête, même si cette dernière demeure près du sol. Ils continuent à prendre rapidement du poids. Bien que leurs oreilles grandissent, elles restent repliées sur la tête. C'est également à cet âge que les chatons commencent à poser leurs pattes autour des mamelles maternelles, mais ils n'ont pas encore la force de les pétrir. Au bout de trois semaines, leurs formes sont mieux définies. Leurs oreilles sont plus fermes et plus droites, quoique toujours un peu courbées vers le bas. Ils se sont mis à découvrir les joies de la marche, même s'ils ont du mal à décoller leur ventre du sol et à maintenir leur équilibre sur des pattes encore hésitantes. La tête, le corps et la queue restent près du sol et les chatons

1 semaine   *2 semaines*   *3 semaines*   *4 semaines*

poussent sur leurs membres postérieurs pour avancer. Cependant, ils regardent les humains… tout en restant près de leur mère. Sur le plan de la nourriture, ils commencent à réclamer davantage, pétrissant les mamelles avec force pour faire couler toujours plus de lait.

Entre 4 et 5 semaines

À l'âge de quatre semaines, le chaton possède des oreilles bien droites. Il se déplace le ventre totalement décollé du sol, bien qu'il n'ait pas encore l'allure d'un adulte. Il est capable de se tenir bien droit sur ses pattes et essaie de rester dans cette position de temps en temps. Il redresse souvent sa queue et la maintient à la verticale, ce qu'il ne pouvait pas faire auparavant. Plus mobile, il se montre forcément plus téméraire et avide d'explorer son environnement. Sa vision est devenue plus nette, ce qui est un avantage pour jouer fréquemment avec ses compagnons de portée.

Les chatons deviennent soudain beaucoup plus vifs et remuants à partir de la 5e semaine. En jouant, ils fixent leur attention sur des objets et les pourchassent. Ils commencent à grimper, y compris sur des personnes assises. Leur vision est parfaitement claire et leur ouïe optimale. Cette amélioration importante du fonctionnement de leurs sens coïncide avec leur mobilité accrue. Ils semblent toujours en mouvement, mais s'arrêtent soudain pour piquer un petit somme. Ils se font les dents sur tout ce qu'ils trouvent, en particulier des paniers, et possèdent déjà cette curiosité typiquement féline qui les pousse à vouloir savoir ce qui se cache derrière les objets. Ils jouent beaucoup plus vigoureusement et commencent à se bagarrer. C'est le moment où leur mère les lèche moins souvent pour les inciter à uriner et déféquer puisqu'ils deviennent capables d'éliminer leurs déchets tout seuls.

La 6e semaine

À l'âge de six semaines les chatons sont vraiment à croquer avec leur adorable frimousse et leurs oreilles pointues. Leurs sens fonctionnent parfaitement et ils marchent en se tenant bien droits sur leurs pattes. Le temps qu'ils passent à jouer augmente considérablement – envoyez-leur doucement une balle de ping-pong et ils vont jouer avec après l'avoir explorée. Si leur mère leur rapporte une proie de l'extérieur, ils vont vouloir la saisir aussitôt et grogneront une fois qu'elle sera en leur possession. Si vous leur donnez des jouets de la même taille qu'une proie ou un bout de ficelle, ils saisissent ces objets entre leurs dents, les mordillent et tirent dessus avec acharnement ! Ils jouent souvent gentiment avec leur queue, celle de leur mère ou celles de leurs compagnons de portée.

À cet âge, les chatons deviennent plus autonomes et ne font pas toujours tout ensemble. Certains jouent, d'autres regardent. Et le grimper est devenu l'une de leurs activités favorites ! Leur mère a déjà commencé à les sevrer en les allaitant beaucoup moins fréquemment et elle reste parfois assise sur son arrière-train pour les dissuader de téter.

Du chaton sevré au jeune chat adulte

Le sevrage intervient généralement à l'âge de sept semaines. La croissance des chatons a décuplé leurs besoins alimentaires, en partie aux dépens de leur mère, qui a perdu du poids au cours de l'allaitement.

Au bout de huit semaines leur comportement devient beaucoup plus mature, et à l'âge de dix semaines ils ont

8 semaines

presque l'air de jeunes adultes, même si leur taille est plus petite et leur silhouette plus fine. Dès neuf semaines le jeu devient plus sérieux et au bout de quatorze semaines il commence à décliner naturellement, les chatons se montrant plus agressifs, ce qui détériore les relations sociales au sein de la portée. Les chatons d'une même portée sont maintenant prêts à se disperser et à devenir de jeunes adultes autonomes.

FAMILLES DE CHATS

5 semaines   *6 semaines*   *7 semaines*

35 Mâle ou femelle ?

Si vous souhaitez acquérir un chaton, il est important que vous sachiez identifier le sexe de ces adorables créatures qui sont devant vous. Bien sûr, un éleveur expérimenté est à même de vous informer, mais si vous avez affaire à un particulier, ne croyez pas aveuglément ce qu'il vous dit. Dans ce domaine, les erreurs ne sont pas rares et il arrive que l'on découvre qu'un minet était en fait une minette et vice versa !

FAMILLES DE CHATS

Reconnaître le sexe d'un chaton

Si le sexe d'un chat adulte est facilement reconnaissable, non seulement par un examen de ses organes génitaux, mais aussi par l'observation de son comportement, celui d'un chaton l'est beaucoup moins, car l'animal n'a pas atteint son plein développement. Il existe un critère majeur : chez un chaton femelle, les ouvertures anale et vulvaire sont proches, alors que chez un chaton mâle l'écart entre l'anus et l'orifice pénien est plus important pour laisser de la place aux testicules. Si vous avez des doutes, observez les chatons des photos : à gauche, le chaton abyssin avec sa mère est un mâle, tandis que ci-dessous le chaton du milieu est une femelle.

Pour en savoir plus... 19 29 73

36 Fraternité et rivalité

Les chattes font des mères particulièrement dévouées envers leur progéniture et les disputes entre frères et sœurs sont rares et de courte durée. Mais si votre chatte attend des petits, sachez que vous pourrez être un jour confronté(e) à des rivalités entre compagnons d'une même portée.

Un chaton persécuté par ses frères et sœurs ?

Voici l'exemple d'un problème rencontré au sein d'une portée de jeunes chatons : la mère s'occupait à merveille de ses petits, les nourrissait et leur faisait leur toilette avec amour, et accourait dès qu'ils la réclamaient. C'était un été chaud et la chatte allait se coucher à l'écart des chatons – qui étaient presque sevrés – pour avoir moins chaud. Cependant, elle s'était mise à se montrer excessive envers l'un d'entre eux, le plus petit, un chaton tout noir. Elle le serrait par le cou avec ses pattes, le mordait et lui donnait des coups de pattes. Son comportement avec lui était totalement différent de celui qu'elle avait avec ses autres chatons, même si elle continuait de faire la toilette du « petit noir » et de lui donner la tétée avec les autres.

À l'époque où le petit chaton était en période de sevrage, il se montrait beaucoup plus peureux que ses frères et sœurs. On leur avait prodigué des soins réguliers à tous dès leur plus jeune âge, ils étaient socialisés, mais seul le chaton noir sifflait, sur la défensive, si on approchait un doigt. Les autres s'en approchaient par curiosité pour l'explorer. C'est à ce moment-là que les rapports ont changé entre le chaton craintif et ses compagnons de portée. Alors qu'ils jouaient tous ensemble de plus en plus vigoureusement, le petit chaton noir faisait l'objet d'attaques plus vives et plus prolongées. Le comportement excessif de sa mère vis-à-vis de lui semblait l'avoir perturbé en le rendant plus nerveux et plus craintif. Et comme il était toujours sur la défensive, il était devenu le souffre-douleur de ses frères et sœurs. Un trouble du comportement développé si précocement est souvent difficile à pallier plus tard.

Pour en savoir plus... 37 40 48 49

37 L'importance de la socialisation

Dès que les chatons ouvrent les yeux et commencent à aller et venir dans la maison, ils rencontrent d'autres animaux et des humains, bien sûr, dont la présence est tolérée par leur mère. Ils les acceptent alors volontiers comme des compagnons de portée.

Socialiser le chaton dès son plus jeune âge

Les chatons acceptent les autres animaux familiers du foyer tolérés par leur mère, quels qu'ils soient (même des proies potentielles), et continueront de vivre en bonne harmonie avec eux à l'âge adulte. Des chatons élevés avec une autre espèce, y compris un petit humain, manifestent un immense désarroi quand cet animal ou cet enfant les quitte, comme s'il s'agissait d'un compagnon de portée.

Si nous voulons que notre chat se comporte envers nous comme envers des compagnons de portée, ils doivent s'habituer à l'homme pendant la période de leur développement où ils apprennent à reconnaître leurs frères et sœurs. Le docteur Eileen Karsh de l'université de Philadelphie affirme que les chatons doivent se familiariser avec les humains entre deux et sept semaines. Des chatons manipulés régulièrement à cet âge restent plus longtemps sur les genoux d'une personne et approchent plus facilement les étrangers une fois adultes. En revanche, ceux manipulés par des humains après le sevrage se comportent à l'âge adulte comme des chatons qui n'ont jamais eu de contacts humains. C'est après le sevrage que les chatons intègrent un nouveau foyer et trop souvent ils n'ont pas été suffisamment socialisés dès leur plus jeune âge. Au sein de leur nouvelle famille ils sont très entourés, tout le monde s'occupe d'eux, mais ils ne seront jamais aussi à l'aise que s'ils avaient passé un peu de temps chaque jour au contact des humains avant leur sevrage.

Créer des liens affectifs

Un chaton qui n'est pas encore sevré ne doit pas être retiré à sa mère et placé dans un nouveau foyer sous prétexte qu'il doit s'habituer à ses futurs propriétaires. Il a encore besoin de la présence maternelle et cette séparation le rendrait plus tard exagérément dépendant de ses maîtres. Il n'est pas nécessaire que les humains « socialisateurs » soient les futurs propriétaires. Le chaton a besoin d'un contact humain, c'est tout. En revanche, l'idéal pour le futur propriétaire est de passer régulièrement du temps chez l'éleveur bien avant le sevrage du chaton qu'il a choisi, près du nid et en présence de la mère qui doit se montrer confiante. C'est ainsi que se créent des liens affectifs.

Pour en savoir plus...   60   61   67   78   79   80

38 Le sevrage, un cap décisif

Le sevrage correspond à la cessation progressive de l'allaitement au profit d'une nourriture solide et, chez les chats, se situe aux alentours de la 7e semaine. La mère commence à sevrer ses petits pour pouvoir reprendre des forces et parce qu'ils digèrent de moins en moins le lactose présent dans le lait.

Une privation progressive

Il arrive un moment où la mère se montre de moins en moins disposée à allaiter ses petits. En grandissant, les chatons prennent rapidement du poids et leurs besoins alimentaires augmentent. L'incapacité de leur mère à satisfaire leurs besoins accrus induit chez elle ce changement de comportement. Plus la portée est grande, plus le sevrage sera précoce. La mère interrompra la tétée en se levant ou en se couchant sur ses mamelles. Mais elle n'empêchera pas toujours le chaton le plus audacieux de saisir de force un mamelon !

Qu'est-ce qu'un chaton sevré ?

Un chaton sevré est un chaton qui se nourrit d'aliments solides et qui est prêt à intégrer un nouveau foyer. Il est généralement âgé de sept à huit semaines.

FAMILLES DE CHATS

Pour en savoir plus... 34 39 65

39 L'initiation du futur chasseur

Quand les chatons sont âgés de quatre à cinq semaines, leur mère, à condition d'être libre de sortir de la maison, commence à leur rapporter des proies mortes. Jusque-là, isolés et en sécurité auprès de leur maman, ils n'ont pas eu l'occasion de rencontrer d'autres animaux, morts ou vivants, ni de connaître une autre nourriture que le lait maternel.

Les premiers contacts avec une proie morte…

Quand la mère rapporte une proie pour la première fois, elle grogne et fait mine de vouloir garder jalousement son butin. Pourquoi feindre d'être une rivale ? Pour susciter la curiosité et l'intérêt des chatons. Mais elle évite de les effrayer en alternant grognements et ronronnements d'encouragement.

Ses petits doivent apprendre que la proie morte est une source de nourriture. Et ils le sentiront d'autant mieux avec des petites proies au corps mou comme les petits rongeurs. En les saisissant et en jouant avec, ils transpercent la peau et voient la chair, ce qui leur permet de s'apercevoir que c'est bon à manger !

… puis avec une proie vivante

Quand ses petits sont âgés de neuf semaines, la mère leur rapporte des proies vivantes (qu'elle tue en réalité juste avant qu'ils n'en prennent possession). Cette progression dans l'apprentissage – les chatons se familiarisent d'abord avec des proies mortes, puis avec des proies vivantes – permet aux jeunes félins de s'habituer à manipuler de plus en plus habilement toutes sortes de proies. La mère rapporte des proies essentiellement pour nourrir sa progéniture, mais aussi pour lui montrer les techniques de mise à mort. Certains chatons orphelins réussissent à chasser et à s'alimenter sans ces démonstrations, mais ceux qui ont la chance d'observer leur mère font de meilleurs chasseurs.

Une expérience clé

Des observations confirment que le premier contact d'un chaton avec une proie morte transforme son comportement. Il passe d'un désintérêt relatif pour ce qui l'entoure et de réactions immatures à une attitude éveillée, attentive, beaucoup plus mature. Un chaton qui a été étudié tenait une souris morte entre ses mâchoires et grognait pour montrer qu'elle était à lui. Il l'a ensuite reniflée. Au début, il n'a pas tenté de la chercher lorsqu'on lui a retiré. Il s'est contenté de renifler l'endroit où elle se trouvait auparavant. Mais, au bout de quelques secondes, il s'est mis à saliver et, comme on lui donnait, puis lui retirait sa proie à plusieurs reprises, il s'est montré plus menaçant, mordant la souris à la nuque avec une précision quasi parfaite. C'était comme s'il tuait pour la première fois.

40 Jouer, jouer et encore jouer !

Les chatons commencent à jouer dès qu'ils peuvent se déplacer et coordonner leurs mouvements. C'est généralement à l'âge de cinq à six semaines qu'ils sont capables de bondir et de grimper avec facilité, s'agitant dans tous les sens, même si des tentatives plus précoces et plus ou moins ratées ont déjà eu lieu.

Grandir en jouant

Au début, les gestes du chaton sont maladroits. Puis il joue à se battre avec ses compagnons de portée, prélude aux combats de rivalité qui l'attendent dans sa vie d'adulte. À l'approche du sevrage, il expérimente les jeux de chasse qui préfigurent les conduites de prédation. On distingue alors le jeu de la souris, le jeu de l'oiseau et le jeu du poisson. Mais des mouvements propres à un type de jeu chez le chaton peuvent correspondre à plusieurs comportements chez l'adulte. Par exemple, les mouvements propres au jeu de l'oiseau sont très utilisés quand le chat chasse un oiseau, mais aussi quand il se défend face à un congénère. De même, le jeu du poisson permet au chat aussi bien d'explorer des ouvertures et des espaces inconnus avec sa patte que de déloger une proie (cf. pages 38-39).

Il est possible de décrire les mouvements propres aux jeux des chatons sans les associer avec des comportements adultes – tapoter, saisir avec ses pattes toutes griffes dehors, lancer un objet la patte retournée, attirer et repousser, par exemple – et de distinguer les mouvements propres au jeu social, c'est-à-dire avec des congénères, des mouvements appliqués uniquement aux objets. Mais certaines actions, dont les bonds, les sauts et les poursuites, sont communes au jeu social et au jeu avec les objets.

Toujours est-il que certains comportements observés chez des chatons qui jouent sont comparables à ceux observés chez des adultes qui ne jouent pas ! Par exemple, si un chaton se dresse sur ses pattes postérieures en position offensive, son compagnon de jeu va se coucher sur le dos en position défensive, et vice versa, comme dans une vraie bagarre d'adultes ! Pour les chatons, le jeu avec les objets se rapproche du « jeu avec la proie », davantage assimilable à un réflexe d'autoprotection que de l'instinct de prédation.

Qui dit jeu social dit hiérarchie

Les mouvements de chatons qui jouent ensemble sont exagérés, incohérents et dénués de toute volonté agressive. D'ailleurs, l'activité ludique se reconnaît à son caractère désordonné et gratuit. Si le jeu entre chatons âgés d'environ sept semaines n'a pas l'agressivité, parfois violente, de celui de chatons sevrés depuis longtemps, il existe des individus plus forts et plus dominateurs que d'autres, ce qui engendre naturellement des rapports hiérarchiques. Le jeu des chatons sevrés évolue : le jeu avec les objets devient plus fréquent et les jeux de chasse et de combat traduisent une envie accrue de chasser et de se battre. Au fur et à mesure que le jeu devient plus brutal, les liens entre les chatons, alors âgés de quatorze à seize semaines, se désagrègent progressivement.

FAMILLES DE CHATS

Pour en savoir plus... 22 42 43 44 51

SE COMPORTER EN CHAT

Socialisation chez les chats harets

Dans les années 1970, à une époque où les chats harets étaient mal compris et où leurs colonies étaient considérées comme des ensembles hétéroclites, aléatoires et dénués de toute structure sociale, une étude a été faite. Celle-ci portait sur une colonie qui habitait à Fitzroy Square, au cœur de Londres. Les chats y étaient nourris régulièrement par des riverains et bénéficiaient d'un site idéal : grilles de protection, grand jardin avec de nombreux arbres, des espaces ouverts, des endroits ensoleillés et des abris sûrs.

Des colonies durables

La colonie n'était pas un ensemble aléatoire et variable d'individus. Au contraire, le site était habité tous les jours par la même population. Le groupe résidait là depuis au moins une vingtaine d'années.

À l'époque, certains pensaient que la vie des chats harets était dure, brutale – et courte. Il n'en est rien, la plupart étaient robustes et en bonne santé. En les pesant, leur poids était comparable à celui des chats de compagnie. D'autres étaient persuadés que les chats harets avaient une taille supérieure à celle des chats d'appartement, alors tous les individus du groupe d'étude ont été mesurés. Et là encore les similitudes entre chats harets et chats de compagnie étaient flagrantes.

L'étude a également montré que le domaine vital de la colonie de chats harets urbains était plus restreint que celui du groupe de chats harets des chantiers navals de Portsmouth étudié par Jane Dards et beaucoup plus limité que celui de la population de chats harets ruraux observée par David McDonald et Peter Apps. Mais quelle que soit la colonie étudiée, les constantes étaient les suivantes : les mâles occupaient un domaine vital plus vaste que les femelles – généralement dix fois supérieur – et le groupe se rassemblait autour d'une source de nourriture. Plus la nourriture était abondante dans un périmètre donné, plus les chats étaient nombreux à cet endroit. Et leur domaine vital était plus réduit puisqu'ils n'avaient pas besoin d'aller chercher plus loin leur nourriture.

Des études similaires menées sur des tigres et des chats sauvages des milieux forestiers avaient montré que les mâles occupaient un domaine vital nettement plus étendu que les femelles. Mais alors que dans cette population sauvage les domaines vitaux des femelles se recoupaient peu, dans la population des chats harets d'Angleterre, les individus se regroupaient autour d'un point central offrant une nourriture abondante.

Là où les sources de nourriture sont plus éparpillées, les domaines vitaux des femelles ne se recoupent pas autant.

Les chats du monde

Tous mènent des vies étonnamment similaires malgré des conditions environnementales radicalement différentes. Dans les zones rurales, la nourriture est insuffisante pour subvenir aux besoins d'une population nombreuse, ce qui engendre une faible densité de population. Dans les zones urbaines, c'est l'inverse. En outre, la plupart des chats du monde vivent toujours à l'état sauvage. Dans les souks égyptiens, les chats harets ont peu d'ancêtres ayant connu la vie domestique. Étonnamment, il en est quasiment de même en Grande-Bretagne.

En Grande-Bretagne, les chats de compagnie occupent l'essentiel de la périphérie des villes. Pour manger, ils n'ont qu'à passer de l'endroit où ils font la sieste à leur écuelle ! Par conséquent, les chats harets ne peuvent pas former une population aussi dense que les chats de compagnie du voisinage et ont besoin de zones plus vastes pour rechercher leur nourriture. Ils vivent dans les espaces délaissés par nos chats de compagnie – sur les terrains vagues ou aux abords des hôpitaux et des usines. Dans beaucoup d'autres pays, les chats de compagnie sont moins répandus, forment des populations moins denses et mènent des vies plus sauvages, comme les chats des campagnes. Plus une économie rurale se

rapproche d'une agriculture de subsistance, plus le chat reste un animal utilitaire. Dans un village des Pyrénées catalanes, une femme hébergeait une multitude de chats chez elle. Sa cuisine, la pièce principale, était remplie de volailles qui grattaient le sol. Ses chats lui servaient à chasser les rongeurs.

Contrôler les naissances

Le contrôle des populations de chats harets afin de limiter leur prolifération est un sujet sensible. Il est clair qu'il ne sert à rien d'exterminer tous les membres d'une colonie, car l'éradication est rarement totale et les chats de la colonie sont vite remplacés par des chats venus de l'extérieur. Seule une colonie à la population stable et contrôlée peut empêcher l'arrivée d'intrus. Si une colonie est stérilisée et réintégrée dans son domaine vital, elle continuera à occuper son territoire et à le défendre contre des chats étrangers, mais la population du groupe diminuera progressivement en quelques années.

Au début des années 1970, la Britannique Celia Hammond, ex-mannequin et militante pour la sauvegarde des chats harets, a rejeté la méthode totalement inefficace qui consistait à piéger et tuer ces animaux, préférant essayer la réintégration locale d'individus stérilisés. Dans le cadre de l'étude sur la colonie de Fitzroy Square, on a pu constater qu'une population en baisse – certains chats avaient été stérilisés – continuait malgré tout à occuper les lieux pendant longtemps. Un programme de stérilisation de milliers et de milliers de chats harets et de réintégration dans leur domaine vital s'est répandu au sein des organisations du monde entier.

Bien qu'aux États-Unis les organisations et les particuliers utilisent cette méthode pour contrôler les populations de chats harets, ils se heurtent à la résistance de nombreux opposants dont certains, malgré les preuves du contraire, pensent que les chats stérilisés mènent une vie affreuse et jugent qu'il est préférable de les tuer pour leur épargner cette souffrance. Dans une société où les chats tiennent une si grande place, les désaccords sont inévitables, mais les débats sur la question ont le mérite d'engendrer une meilleure compréhension, non seulement de la méthode de stérilisation et de réintégration locale, mais aussi, et plus généralement, des chats harets.

41 Rapports sociaux entre petits félins

Les carnivores qui chassent en meutes, tels les chiens, vivent au sein d'une hiérarchie sociale. Sachant que les disputes au sein du groupe peuvent provoquer de graves affrontements, ils possèdent toute une panoplie de comportements d'apaisement. En revanche, les chats ont un sens du territoire très poussé et chassent individuellement. Leurs rapports sociaux et leur façon de gérer les conflits sont donc très différents.

Apaiser l'autre

Avant leur domestication les chats, prédateurs solitaires, ne formaient pas des populations denses en raison du manque de sources de nourriture, ce qui rendait assez inutiles les comportements d'apaisement. Même aujourd'hui ces petits félins préfèrent s'intimider, se battre, battre en retraite ou éviter simplement le conflit. Quand des groupes de chats domestiques se constituent, c'est pour des activités sociales. Si leur cohésion est maintenue essentiellement par la disponibilité de la nourriture, ils font davantage preuve de tolérance que de coopération. Comme sa survie ne dépend pas d'une meute, la société féline juge inutile d'instaurer une hiérarchie. Par conséquent, les comportements agressifs et les comportements d'apaisement au sein d'un groupe ne sont pas si vitaux. Néanmoins, des liens collectifs s'instaurent par des activités telles que les frottements et les léchages mutuels. Nous, les humains, prenons ces comportements pour des marques d'affection. Mais il ne faut pas oublier que la stratégie utilisée par les chats – délimiter leur territoire par des marquages odorants – constitue une mesure d'intimidation par défaut.

Des observations menées sur des chats harets vivant en milieu rural ont révélé que 93 % des contacts entre congénères étaient amicaux (toilettes et frottements mutuels) et seulement 7 % hostiles et empreints d'une agressivité manifeste. Chez les chats harets des villes et des campagnes les comportements agressifs entre les individus d'un même groupe sont anodins, mais ceux des membres du groupe envers des intrus mâles particulièrement sérieux. Chez les chats de compagnie, les comportements agressifs sont plus fréquents en raison d'une promiscuité qui ne donne pas aux animaux le temps ou l'envie de se demander la permission de s'approcher.

Bons amis, les chats ?

Dans les foyers abritant plusieurs chats, les relations sociales entre congénères sont en dents de scie. Si vous voulez estimer la qualité de la relation entre vos animaux, regardez avec quel degré de proximité et selon quelle fréquence ils dorment ensemble. Toujours est-il que des chats qui ne se considèrent pas comme les membres d'un groupe, même s'ils vivent sous le même toit sans jamais sortir, garderont leurs distances.

42 Adultes, mais toujours joueurs !

Nous savons distinguer le moment où un chat joue de celui où il ne joue pas.
Et nous savons que le jeu est plus fréquent chez les chatons que chez les chats adultes.
Il semble être destiné à développer des capacités indispensables à la survie, mais
sa motivation profonde est plus difficile à identifier que celle de la prédation.
Le jeu de nos petits félins est-il réellement un jeu au sens où nous l'entendons ?

Qu'est-ce que jouer pour un chat ?

Le jeu est facile à identifier chez des espèces animales comme les chats dont les multiples comportements ne sont pas présents dès la naissance et qui possèdent un système nerveux complexe. Le jeu est un comportement jugé paradoxal. Pourquoi ? Parce qu'il ressemble à un comportement réel, mais son objectif et son issue sont différents. Par exemple, une lutte territoriale type entre deux chats adultes se termine par la retraite de l'intrus, alors qu'une bagarre entre deux chatons qui jouent fait partie de leur processus de socialisation.

Ce que nous désignons couramment par « jeu avec la proie » n'est pas un jeu, mais une technique d'autoprotection du chat qui chasse (cf. page 36). Toujours est-il que quand nous voyons ce genre de comportement chez notre compagnon, il semble comporter un aspect ludique. Lorsqu'un chat se comporte à l'égard d'un objet inanimé (une boulette de papier, par exemple) comme s'il chassait une proie, la composante ludique est plus facile à identifier.

Jouer avec les humains

Quand des chats adultes jouent avec nous, nous considérons ce comportement comme un signe de jeunesse. Mais en réfléchissant davantage, nous prenons conscience d'une chose essentielle : la vie « entretenue » que mène le chat de compagnie lui donne beaucoup de temps libre. Il n'a pas besoin de chasser pour survivre ni de surveiller un vaste territoire. Néanmoins, il a gardé des instincts qu'il manifeste sous forme de jeu. Même si les chats adultes jouent moins que les chatons, ils jouent tout seuls et n'ont pas toujours besoin de notre présence pour les stimuler. Par conséquent, on ne peut pas comparer le jeu d'un chaton à celui d'un chat adulte si l'on veut avoir une idée précise de sa fréquence. Les jeux des chatons sont principalement collectifs. Il serait préférable de comparer les fréquences de jeu des chats adultes avec leur maître.

SE COMPORTER EN CHAT

Pour en savoir plus... 21 40 44 45 46

43 Que de mimiques faciales !

Les expressions faciales du chat reflètent son humeur. Mais elles ne servent pas seulement à en informer les congénères. Elles sont aussi, et surtout, des adaptations fonctionnelles. Le chat ouvre grand ses yeux pour avoir une meilleure vision périphérique, signe qu'il anticipe l'attaque d'un congénère. Et il les plisse pour une meilleure vision des reliefs et des distances, signe qu'il évalue l'endroit où il va attaquer.

La position des oreilles

Lorsqu'un chat ébouriffe sa queue et fait le gros dos, il peut s'agir d'un comportement aussi bien agressif que défensif. Deux chats se regardent de loin – en chiens de faïence – et émettent des grognements menaçants : si vous voulez décrypter la situation, observez leurs oreilles. Le chat dont les oreilles sont complètement aplaties est l'agressé. Celui dont les oreilles sont aplaties mais en torsion légère vers l'arrière est l'agresseur. Ces positions se ressemblent beaucoup pour nous, mais sont sans ambiguïté pour eux. Le chat qui est là pour défendre son territoire sera l'agresseur ; il est en confiance et en position de force par rapport à l'intrus qui sera l'agressé. Mais lorsque deux gros mâles, tous les deux dans leur bon droit et prêts à s'agresser mutuellement, sont en présence, l'affrontement est imminent et s'avèrera particulièrement sérieux, même si ce genre de conflit est relativement rare (cf. pages 78-79).

Si la lutte s'engage, les oreilles de l'agressé demeureront aplaties tout au long du combat, mais celles de l'agresseur se rabattront rapidement en arrière au moment de l'attaque. Si l'agresseur a bien l'intention de le rester, ses oreilles resteront rabattues en arrière. En revanche, s'il veut cesser le combat, ses oreilles reprendront leur position « neutre » initiale. Les mouvements d'oreilles sont si rapides qu'il est presque impossible de les identifier clairement à vitesse normale.

La forme des yeux

Les pupilles du chat attaqué se dilatent sous l'effet de la peur, tandis que celles de l'attaquant se rétrécissent. On observe là la réaction typique d'attaque ou de fuite déclenchée par la partie sympathique du système nerveux autonome, laquelle provoque aussi le hérissement du poil. L'agresseur essaie d'intimider son adversaire en se déplaçant sur le côté, comme un crabe, pour paraître plus imposant, et tourne la tête vers lui lorsqu'il est prêt à l'attaquer. L'autre chat, terrorisé, va soit se tapir au sol, prêt à riposter par des coups de griffes de ses pattes antérieures, soit se coucher sur le dos pour griffer le ventre de son agresseur avec ses pattes postérieures lors de l'assaut.

44 Des oreilles qui en disent long

Les chats adultes utilisent leurs oreilles pour communiquer leurs émotions à leurs congénères et manifester leur position offensive ou défensive. Mais les jeunes chatons, eux, contrôlent mal les mouvements de leurs oreilles. S'ils s'attaquent, c'est pour jouer, et même s'ils sont capables d'exprimer avec leurs oreilles leur volonté d'intimider un compagnon de portée ou de se défendre, ils le font rarement.

Des oreilles de plus en plus mobiles

Les chatons sont capables, même très jeunes, de distinguer une attaque feinte d'une attaque réelle. Mais la question n'est pas là. S'ils n'utilisent pas leurs oreilles pour exprimer un comportement offensif ou défensif, c'est en partie pour une raison physique : leurs petites oreilles ne sont pas encore assez mobiles. Ce n'est qu'à partir de sept semaines qu'elles le deviennent complètement.

De la naissance à 1 semaine : les oreilles sont arrondies et immobiles.

À 2 semaines : les oreilles se développent mais restent repliées et immobiles, d'où une apparence constamment défensive.

À 3 semaines : les oreilles se redressent, mais demeurent mal formées et sont très peu mobiles.

À 4 semaines : les oreilles sont complètement redressées.

À 5 semaines : les oreilles gagnent en mobilité, ce qui permet au chaton de les aplatir, mais pas encore de les rabattre en arrière.

À 6 semaines : les oreilles sont bien formées et capables de bouger au contact d'un objet.

À 7 semaines : les oreilles sont complètement mobiles, mais en jouant les chatons les utilisent rarement pour exprimer leur agressivité.

Pour en savoir plus... 40 43 45 47

45 Jouer avec sa queue

Tout au long de leur vie, les chats semblent fascinés par leur queue. Même s'ils en possèdent une depuis leur naissance, ils paraissent soudain remarquer ce « quelque chose » qui les suit dans tous leurs déplacements et se mettent à courir après et à vouloir l'attraper. Nous nous amusons beaucoup à voir notre chat jouer avec sa queue – et là, il semble bel et bien s'agir d'un jeu, rien que d'un jeu.

SE COMPORTER EN CHAT

Je te tiens, tu me tiens, par la… queue

Le chaton commence à jouer avec sa queue à l'âge de cinq semaines, mais à sept semaines c'est son jeu favori ! En général, il se met à donner des coups de pattes pour essayer d'attraper la queue d'un de ses compagnons de portée. Mais ce dernier peut être en train de jouer à autre chose et ne pas réagir. Après avoir pourchassé la queue de son frère ou de sa sœur pendant quelques secondes, le chaton s'intéresse subitement à autre chose qui vient d'attirer son attention et s'arrête de jouer. Le jeu avec la queue semble refléter une certaine hiérarchie, car certains chatons sont toujours les « chasseurs de queues », d'autres les « queues pourchassées ».

Les chats de compagnie adultes jouent aussi avec leur queue. Leurs propriétaires disent alors d'eux qu'ils ont le sens de l'humour ! Le chat va souvent se mettre à jouer tout seul, de sa propre initiative, en grimpant sur le dos d'un canapé ou sur le montant d'un escalier. Là, il penche sa tête et tend l'une de ses pattes antérieures vers… sa queue, bien sûr ! Il essaie de l'attraper, tout frétillant de plaisir. Ce comportement va souvent de pair avec une humeur joyeuse. Le chat a envie de s'amuser, peut-être parce que son maître vient de rentrer. Ce dernier ne va d'ailleurs pas résister à l'envie de jouer avec son compagnon en le tapotant dans le dos ou en agitant devant lui un crayon ou un bout de ficelle pour le titiller.

Pour en savoir plus…   40   44   46

46 Communiquer avec sa queue

La queue du chat est extrêmement mobile, ce qui permet à l'animal de trouver un équilibre parfait dans toutes les situations et positions – pour grimper, prendre un virage rapide ou simplement faire ses besoins. Mais ce petit félin bouge aussi sa queue pour exprimer ses émotions et communiquer avec ses congénères.

Geste social ou d'apaisement ?

En principe, le geste d'apaisement vise à prévenir une agression et est effectué par un animal hiérarchiquement inférieur. Chez les chats, la hiérarchie sociale n'est pas clairement définie. Il est donc plus probable que leurs gestes, en particulier ceux de leur queue, soient liés au contact social. Tandis que les chiens utilisent leur queue pour dissuader un agresseur ou montrer leur soumission, les chats redressent la leur pour se demander la permission de se frotter – des frottements de renforcement des liens sociaux qui n'ont rien à voir avec des gestes d'apaisement. Il est toutefois possible de déceler dans ces comportements un certain sens de la hiérarchie, les frottements sociaux étant le plus souvent initiés par un chat « de rang inférieur ». Le redressement de la queue à la verticale n'est pas seulement une demande d'autorisation, mais un signe de bienvenue permettant à nos félins d'entrer en contact de façon amicale.

Le langage de la queue

Queue redressée mais à l'extrémité mobile quand le chat se déplace : rien à signaler, position « neutre ».

Queue redressée sur toute sa longueur : le chat souhaite la bienvenue à un congénère ou à son maître et va se frotter contre lui. Quand les chatons accueillent leur mère, surtout si elle leur rapporte des proies, ils redressent leur queue et se frottent contre elle en réclamant à manger. La queue de notre animal se redresse automatiquement si nous le caressons le long de sa colonne vertébrale. Ses glandes anales, qui sécrètent une substance odorante, sont mobilisées. Si le chat s'étend de tout son long, la queue redressée, c'est qu'il essaie de se calmer.

Queue redressée sur toute sa longueur et frémissante : le chat s'apprête à effectuer un jet d'urine pour marquer son territoire. Mais les chats stérilisés adoptent aussi cette position sans passer à l'acte lorsqu'ils pénètrent dans un espace où ils ne se sentent pas vraiment en confiance.

Queue sur le côté : la femelle adopte la posture de lordose propre à l'accouplement.

Queue animée de balancements rapides (assis) : il vérifie qu'il n'a rien derrière lui. Si nous y sommes, il nous frappe de sa queue à plusieurs reprises (parfois signe d'énervement).

Queue animée d'un mouvement oscillatoire : s'il est peu prononcé, le chat est en proie à un conflit intérieur ou très hésitant. Mais celles de deux mâles qui se préparent au combat martèlent le sol à coups lents et réguliers.

Queue basse et arrière-train redressé : le chat agressif se présente de biais par rapport à son adversaire.

Queue hérissée et arquée : le chat fait le gros dos et hésite entre un comportement offensif et un comportement défensif. Les jeunes chats, en particulier, se comportent ainsi envers les chiens. Si le chat opte pour l'agression, sa queue est hérissée, mais droite ou abaissée.

Queue basse enveloppant le corps : le chat est satisfait, confortablement installé. Chez un chat intimidé, c'est une position de défense (mais non de soumission).

Queue à la verticale quand le chat est sur le dos : c'est la position défensive par excellence. La nuque est protégée et l'animal prêt à griffer son agresseur. Cette position découle généralement de la précédente.

SE COMPORTER EN CHAT

Pour en savoir plus...   43   47   51

47 Quelle allure impressionnante !

Si vous possédez un chat, vous l'avez certainement déjà vu faire le gros dos et hérisser son poil, un comportement caractéristique destiné à impressionner l'adversaire. Selon des études réalisées sur les différentes positions et expressions du chat dans des situations de stress, il semblerait que cette allure de sorcière soit à mi-chemin entre l'attitude défensive et l'attitude offensive.

Faire face à tout prix !

Des observations précises effectuées sur le chat montrent que ses attitudes corporelles et ses expressions faciales ne sont pas toujours clairement offensives ou défensives. Le chat qui raidit ses pattes pour se grandir, arrondit son dos et hérisse son poil manifeste une attitude à mi-chemin entre l'attaque et la défense. C'est une position que les chatons apprennent très tôt dans leur développement et que les jeunes chats inexpérimentés adoptent lorsqu'ils se sentent menacés.

Cette position est souvent adoptée face aux chiens. Le chat se fait haut sur pattes (élément offensif), mais il a la tête enfoncée dans les épaules, les oreilles couchées, le poil hérissé et il siffle. Un chat qui a peur mais veut paraître agressif va essayer de faire face en adoptant cette position. Il va se déplacer de côté avec une allure peu naturelle reflétant son conflit intérieur. Ses yeux traduiront aussi son inconfort : ses pupilles ne seront pas totalement dilatées par la peur, mais pas non plus réduites à une mince fente comme celles du chat prêt à attaquer.

Pour en savoir plus... 43 44 46 48 50

48 Des chats d'une timidité maladive

Chez les chats adultes dont le comportement est perturbé, on distingue les chats craintifs des chats dépendants. Mais cette distinction n'est possible qu'en présence du propriétaire de l'animal : quand le maître est absent, la méfiance dont fait preuve le chat dépendant est très proche de celle du chat véritablement craintif qui ne supporte aucune présence humaine étrangère.

Qu'est-ce qu'un chat trop craintif ?

Les chats craintifs sont sujets au stress et certaines de leurs caractéristiques comportementales sont dues à ce stress. Ils se montrent habituellement très méfiants envers l'homme et fuient le bruit – ou tout autre élément perturbateur – pour aller se mettre à l'abri et éviter tout contact social. Placés dans un nouvel environnement, ils ne l'explorent pas spontanément, préférant rester assis et immobiles, ce qui traduit leur tension et leur inquiétude. Ils fuient plus rapidement les étrangers que les autres chats. Selon le docteur Eileen Karsh, il existerait une prédisposition génétique à la timidité excessive chez certains chats, mais des contacts suffisants avec les humains dès le plus jeune âge engendre une meilleure socialisation chez la plupart et, par conséquent, une sociabilité accrue à l'âge adulte.

Afin d'évaluer le degré de timidité des chats et l'influence des humains sur les plus craintifs, Eileen Karsh a mesuré le temps que des chats mettaient pour sortir d'une boîte et explorer leur environnement. Quand il n'y avait personne à proximité, les chats confiants sortaient au bout de dix-huit secondes, mais au bout de trois secondes seulement s'ils étaient entourés. En revanche, les chats craintifs mettaient quatre-vingt-six secondes à sortir sans personne autour d'eux et soixante-quinze secondes avec une présence humaine.

Il y a timidité et timidité…

On a découvert les effets considérables du manque de contacts humains, non seulement dès le plus jeune âge, mais aussi à l'âge adulte, chez des chats harets capturés en liberté et placés dans un espace confiné de la taille d'une petite pièce. Quand une personne entrait, les chats allaient se cacher derrière la porte. Ils étaient craintifs car ils n'avaient jamais été habitués aux hommes, mais dans leur vie quotidienne, ils étaient normalement confiants.

De même, parmi les chats de compagnie, de nombreux mâles occupent un territoire plus vaste que la moyenne, qu'ils défendent férocement, se révèlent d'excellents chasseurs et se montrent confiants envers leur maître… mais fuient immédiatement à l'approche d'étrangers. Il convient donc d'établir une distinction entre l'attitude craintive vis-à-vis des humains due à un manque de contacts avec eux dans l'enfance et à l'âge adulte et l'attitude craintive en général, quelles que soient les circonstances.

Pour en savoir plus…   37   49   88

49 Je l'aime, mais quel pot de colle !

Les chats dépendants sont les « chiens d'un seul maître » de l'univers félin. Exclusifs, ils ne vivent que pour et par leur propriétaire et se montrent extrêmement craintifs vis-à-vis des humains en général, ainsi que très stressés. Au sein d'une famille, ils peuvent apprendre à élargir progressivement le cercle de leurs proches.

Pourquoi une telle dépendance ?

Des chatons qui étaient plus petits que leurs compagnons de portée, qui ont été séparés de leur mère avant d'être sevrés et qui n'ont pas été bien socialisés dès leur plus jeune âge, risquent davantage de devenir des chats constamment inquiets et trop dépendants. En outre, des chatons choyés par plusieurs personnes au cours de leur développement acceptent davantage les étrangers, une fois adultes, que ceux qui voyaient toujours la même personne s'occuper d'eux.

À quoi reconnaît-on un chat dépendant ?

Un chat dépendant grimpe sur vos genoux à tout bout de champ, vous pétrit avec ses pattes antérieures, vous suit partout dès qu'il en a l'occasion et se frotte très fréquemment contre vos jambes ou des objets familiers. Rassuré de vous voir de retour à la maison, il va vouloir aussitôt se frotter contre vous, mais comme il est anxieux et peu confiant de nature, il va surtout se frotter contre des objets à proximité. C'est un peu comme les baisers dans le vide de certaines personnes qui vous disent bonjour ! Le chat dépendant est également sujet à la déprime. Si vous le mettez dans une pension pour chats, il va refuser de s'alimenter et dépérir, car il sera privé de vous, son seul centre d'intérêt, et de son foyer.

Les femelles dépendantes

Une femelle dépendante peut manifester un comportement étrange, même à l'encontre de son maître, quand elle est perturbée, agitée et anxieuse. Si vous la caressez doucement sur le dos, comme vous le faites habituellement, elle va creuser les reins en marchant, comme si elle allait s'accroupir. Si vous insistez, elle va continuer à abaisser son arrière-train. Mais une fois rassurée, son anxiété disparaît instantanément et non seulement elle accepte d'être caressée, mais soulève énergiquement son arrière-train et se frotte contre votre main pour réclamer des caresses. Ces chats oscillent sans cesse entre volonté d'éviter le contact et désir anxieux de contact rapproché. Ils ont d'autres comportements ambivalents motivés à la fois par leur désir et leur peur du contact. Ce genre de chat est capable de se précipiter vers sa chatière comme s'il craignait quelque chose, de retourner aussi vite vers son maître qui l'appelle, puis de repartir vers sa chatière et de revenir vers son maître qui commence à s'exaspérer de ces allers et retours incessants.

Pour en savoir plus... 37 48 50

50 Les conflits territoriaux

Bien que les chats puissent vivre assez agréablement en communauté avec des désaccords occasionnels, des conflits territoriaux peuvent éclater même chez les chats de compagnie, en particulier à l'arrivée d'un nouveau congénère. Chez certains chats, de tels conflits peuvent entamer durablement leur confiance en eux.

SE COMPORTER EN CHAT

Les foyers « multichats »

Des conflits territoriaux extérieurs peuvent également détériorer les relations entre congénères vivant sous un même toit. Voici l'exemple d'un mâle castré, resté un certain temps confiné à la maison parce qu'il devait se remettre d'un abcès provoqué par les attaques d'un nouveau mâle dans le voisinage. Durant cette période, il a perdu confiance et un autre chat vivant dans le même foyer, une femelle, a tiré parti de la situation, en profitant pour s'affirmer et se montrer un peu plus agressive. Les chats qui doivent intégrer un nouveau foyer déjà occupé par des congénères peuvent avoir des difficultés d'adaptation. Certains, qui ne se sentent pas en sécurité, peuvent même s'en aller définitivement ou devenir agressifs.

Pour en savoir plus... 17   18   19   43   48   49   51

Gare à la bagarre !

Si vous n'avez jamais eu de chat auparavant, vous serez peut-être surpris(e) par certains aspects de son comportement. Dans la société canine, une fois que la hiérarchie est établie au sein du groupe, il est rare de voir des mâles attaquer des femelles. Mais chez les chats, le territoire est plus important que la hiérarchie, ce qui explique des conflits occasionnels entre mâles et femelles. Toujours est-il que ce sont les mâles non castrés qui se battent le plus souvent et le plus violemment entre eux.

Des attaques surprises

Les propriétaires de chats s'inquiètent lorsqu'ils voient des animaux qui vivent d'ordinaire en bonne entente se bagarrer soudainement. L'un des deux dort tranquillement et l'autre vient brusquement l'attaquer sans raison apparente. En réalité, le chat attaqué n'est souvent pas si surpris qu'on le pense car, malgré les apparences, il ne dormait que d'un œil et voyait l'autre s'approcher. D'ailleurs, c'est justement sa méfiance qui peut avoir suscité en partie l'attaque du congénère.

En général, l'individu attaqué réagit en se roulant sur le dos, toutes griffes dehors, et en couchant instantanément ses oreilles pour se protéger. Il va essayer de repousser l'attaquant avec ses membres postérieurs en lui donnant de violents coups de pattes et de le maintenir avec ses membres antérieurs. Avec ses deux pattes antérieures armées de griffes puissantes, il n'hésite pas à frapper la tête de son agresseur jusqu'à ce que ce dernier se retire pour éviter les coups de griffes qui l'assaillent.

Les petites bagarres occasionnelles

Dans une bagarre entre un agresseur et un agressé, l'agresseur tourne autour de son rival en se présentant toujours de biais par rapport à lui (photo ci-dessus). Pourquoi ? Pour se montrer plus impressionnant et évaluer le moment opportun pour bondir sur son adversaire. Dans des petites bagarres entre chats de compagnie, l'intervalle de temps entre deux attaques est plus long – quinze secondes environ – que dans des affrontements violents où les animaux ne se laissent quasiment aucun répit. Entre deux corps à corps, l'agresseur cingle l'air avec sa queue, tandis que l'attaqué redouble de coups de pattes avec ses membres antérieurs s'il juge que l'autre s'approche trop près. L'agresseur semble parfois perplexe, s'asseyant ou se donnant un petit coup de langue anxieux. Mais il n'a pas l'intention d'abandonner la partie. Il s'avance vers son rival, se déplaçant toujours en crabe, prêt à lui sauter dessus.

SE COMPORTER EN CHAT

Que fait alors le chat en position de défense ? Les oreilles couchées, il redouble de coups de pattes avec ses membres antérieurs et se balance d'un flanc sur l'autre, toujours sur le dos, pour dérouter son agresseur (photo ci-dessus). De son côté, ce dernier va tenter un face à face et une saisie à la poitrine de son adversaire avec ses pattes antérieures. En pivotant d'un côté, puis de l'autre, l'agressé peut provisoirement désamorcer l'attaque de l'assaillant, car il a la possibilité de lui labourer le ventre avec ses pattes postérieures. Il garde donc ses membres postérieurs prêts à repousser vigoureusement l'agresseur (photo au centre). En bondissant sur son rival, l'agresseur est obligé de rapprocher sa tête et, par conséquent de l'exposer, alors il tente de saisir son adversaire à bras le corps et aplatit ses oreilles pour se protéger. Si le chat attaqué réussit à pivoter de nouveau, il peut obliger son agresseur à retirer ses pattes postérieures de son abdomen et à les poser au sol pour pouvoir ensuite le renverser sur le côté. Il peut ainsi prendre son agresseur au dépourvu en moins d'une seconde, ce qui contraint ce dernier à se relever avant de mener une nouvelle attaque. Cela lui donne le temps de se repositionner en pivotant à nouveau sur place, toujours sur le dos, pour avoir sa tête tout près de celle de son agresseur et ses pattes postérieures prêtes à frapper. La position où les deux chats sont tête contre tête, mais l'agressé sur le dos et l'agresseur accroupi, semble très vulnérable, mais il s'agit de la position défensive la plus efficace (photo ci-dessous). Quelques parades défensives aussi habiles que celle-ci suffisent à désamorcer le conflit. L'agresseur va se désintéresser de la situation, l'agressé va cesser de se défendre en voyant qu'il n'y a plus de danger et le calme va revenir au foyer, même si le *statu quo* est fragile au début.

51 Ça chauffe entre mâles !

Les chats se montrent généralement plus tolérants qu'agressifs les uns envers les autres et leurs conflits sont habituellement modérés et vite résolus. Cependant, lorsque deux gros mâles entiers, de force égale, revendiquent le même territoire et sont prêts à s'agresser mutuellement, attention ! L'affrontement qui va éclater risque d'être violent.

SE COMPORTER EN CHAT

Les règles du combat

Les grognements menaçants de deux mâles se préparant au combat sont caractéristiques. Leurs têtes se touchent presque. L'un des deux avale sa salive et se donne un coup de langue sur les lèvres. Après un face à face de quelques minutes, l'un des matous bondit soudainement pour mordre son rival au cou. Le chat attaqué adopte la position défensive par excellence en se couchant sur le dos (cf. page 78). Tous les deux vont s'empoigner et rouler par terre dans un terrible corps à corps, chacun essayant d'immobiliser l'autre par une prise solide autour de la poitrine. Ces roulades au sol et l'intensité du combat sont les deux éléments qui distinguent un affrontement entre deux agresseurs d'une lutte entre un agresseur et un agressé.

Les chats s'écrasent au sol et continuent de rouler l'un sur l'autre, chacun voulant neutraliser l'autre en l'agrippant avec ses pattes antérieures et en lui griffant le ventre avec ses pattes postérieures. La violence des coups de pattes peut être telle que l'un des deux mâles peut projeter l'autre en l'air par-dessus sa tête, comme au judo. Mais une seconde plus tard le chat victime d'un vol plané reprend ses esprits et bondit à nouveau sur son rival. Dans les affrontements les plus sérieux, les mâles peuvent arrêter brusquement de se battre, mais rester face à face et se menacer de nouveau avant de reprendre rapidement le combat.

Lorsque l'un des deux individus décide de rester couché sur le dos, il a troqué son rôle d'attaquant pour celui de défenseur. L'autre s'en aperçoit au bout d'un moment et cesse de l'attaquer. Les chats n'ont pas vraiment de position qui symbolise leur totale soumission, c'est pourquoi l'agressé ne devient pas d'emblée l'asservi ou le vaincu. Le passage de la position agressive à la position défensive est la forme de reconnaissance la plus poussée de la supériorité de son adversaire.

Pour en savoir plus... 43 44 46 47 50

52 Se chamailler comme chat et chien

Si les chiens ont tendance à pourchasser les chats, ils ont davantage de respect envers eux qu'on ne pourrait le penser à première vue. Les chats recourent rarement à des gestes de soumission. Leur mode de vie solitaire explique qu'ils n'aient pas développé, comme les chiens, des comportements d'apaisement. Par conséquent, ils peuvent se montrer dangereux lorsqu'ils sont acculés : ils se défendront toujours jusqu'au bout.

SE COMPORTER EN CHAT

Courageux comme un chat ?

C'est cette attitude jusqu'au-boutiste du chat alliée à un arsenal d'armes impressionnant qui va inciter le chien, même le plus gros, à céder et à battre en retraite. Même si c'est difficile à croire, les chats ont généralement le dessus sur les chiens. Si, par exemple, le chat poursuivi par le chien se réfugie dans un arbre, il s'y sentira parfaitement en sécurité et attendra simplement que le gros canidé s'en aille pour descendre. Si ce même chat grimpe sur la barrière du jardin et ne peut pas aller plus haut… vous pensez qu'il est coincé. Oui, mais il a plus d'un tour dans son sac ! Le chien n'a qu'à lever la tête ou essayer de sauter pour recevoir une volée de coups de griffes ! Croyez-moi, il s'enfuit sans demander son reste !

Ce genre de situation a toujours excité l'imagination des hommes qui ont inventé des tas d'histoires glorifiant la bravoure légendaire de nos petits fauves. En voici une : une femme ouvre sa porte d'entrée et se trouve nez à nez avec un étranger qui la menace avec un couperet. Son chat lui a sauvé la vie en bondissant de l'escalier pour sauter au visage de l'inconnu, le griffant jusqu'au sang. En réalité, l'animal a été surpris, s'est senti pris au piège et a cherché à s'échapper en grimpant sur le premier objet venu – ici un type mal intentionné.

Pour en savoir plus… 3 10 43 48 49 50

53 Je ne sais pas faire que miaou !

Le chat domestique est un petit félin dont l'ancêtre principal est le chat sauvage d'Afrique. La gamme des sons qu'il peut produire par sa voix exclut donc le rugissement des grands félins. Son cri est le miaulement et il émet les miaous les plus sonores quand il rentre chez lui et veut annoncer son retour.

Les sons émis la bouche fermée…

Les sons produits la bouche fermée, semblables à des roucoulades, incluent le ronronnement et les petits piaulements de bienvenue, des sons de faible intensité que le chat émet pour accueillir son maître en arquant légèrement son dos, en redressant sa queue et, parfois, en se soulevant brièvement sur ses pattes antérieures. Le doux murmure de la mère répondant à ses petits pour leur dire « Approchez ! » fait partie de ces sons. La plupart des sons émis par le mâle au cours de l'accouplement, lorsque la femelle adopte la position de la lordose, se font également bouche fermée. Ces deux sons, celui de la mère adressé à ses chatons et celui du mâle adressé à la femelle, invite au rapprochement et au contact.

Les murmures plus sourds et plus brefs émis par le chat sont des sons de reconnaissance. Si vous posez doucement votre main sur votre animal qui sommeille, il vous répondra ainsi, comme s'il vous disait : « Tiens, c'est toi ? »

… la bouche ouverte

Les sons émis en ouvrant la bouche, puis en la refermant progressivement, comprennent toutes les variations possibles de miaulements. On appelle « voyelles » ces sons nets, bien individualisés et parfaitement identifiables. La qualité des miaulements varie selon l'intensité, le débit et l'élocution. Il y a des « miaous » qui demandent, qui réclament de façon plus appuyée, qui exigent carrément, mais aussi des « miaous » de détresse et des « miaous » plaintifs.

Le chaton n'a pas encore acquis le « miaou » typique de l'adulte et fait « miou ». Dès qu'il est éloigné de sa mère, il lance des appels de détresse répétés jusqu'à ce que sa maman vienne à son secours. Le chaton ne prononce pas correctement son cri avant l'âge de onze semaines.

Les sons de haute intensité sont des cris puissants, agressifs ou défensifs, émis la bouche ouverte. Ils comprennent les feulements, les crachements, les grondements et les sifflements. Le chat représenté ci-dessous siffle pour se défendre. Mais les cris de douleur ou les longs miaulements de la chatte en chaleur font partie des sons de grande intensité.

54 Parler chat

Des études montrent que le chat possède un langage, c'est-à-dire un système de signes vocaux porteurs de sens. Parmi les sons du langage félin, les chercheurs ont distingué les sons particuliers produits pendant l'accouplement, ceux émis au cours des affrontements entre congénères, le ronronnement et le crachement, ainsi que les miaulements exprimant une demande plus ou moins insistante ou une plainte.

Des messages à décrypter

Au milieu du 20e siècle, certains distinguaient seize sons chez le chat adulte, d'autres les résumaient à six messages : la colère, la peur, la souffrance, la demande d'attention, l'invitation à le suivre et l'amitié. Mais selon la manière dont ces sons sont produits et les circonstances dans lesquelles ils sont émis, leur signification diffère, d'où un langage félin plus riche qu'on ne le pensait.

Par exemple, deux mâles face à face vont émettre des sons discordants pour s'intimider mutuellement. Leurs cris puissants pendant le combat sont sans ambiguïté. Les chats utilisent des sons tendus et extrêmement violents tels que les sifflements, les crachements, les feulements et les grondements dans le cadre d'un comportement agressif ou défensif. On distingue tout aussi facilement le cri aigu poussé en réponse à une douleur soudaine du cri de détresse, beaucoup plus grave. Les longs miaulements de la chatte en chaleur et son cri si déchirant pendant l'accouplement sont également caractéristiques, à la fois intenses et prolongés.

Pourquoi le chat ne rugit-il pas ?

La différence vocale entre les petits et les grands félins est de taille : les premiers miaulent, les seconds rugissent. On pensait autrefois que cette différence était due à un os hyoïde dur et osseux chez les petits félins, souple et cartilagineux chez les grands fauves. Or, on a découvert récemment que les grands félins possédaient une bande de tissu élastique relié à la partie supérieure des cordes vocales, un élément permettant le rugissement et absent chez les chats.

L'influence de l'homme

Au cours de leur développement, les chats de compagnie « trouvent leur voix » et l'interaction constante entre le chat et son maître permet à ce petit félin de modifier considérablement son registre vocal. Non seulement nous l'encourageons à converser avec nous, mais il sait reconnaître nos différentes intonations et y répondre. Notons d'ailleurs que la communication avec les femmes est généralement plus développée. Les chats qui vont et viennent librement à l'extérieur « parlent » davantage et se montrent plus démonstratifs pour saluer leur maître que ceux qui restent confinés à l'intérieur. Une fois que votre compagnon a établi un contact physique en se frottant contre vous, il cesse généralement ses vocalises. Certains chats comme les Siamois émettent des sons particulièrement bruyants et prolongés pour annoncer leur retour.

SE COMPORTER EN CHAT

Pour en savoir plus... 30 31 51 53 55

55 Attendrissants, les chats muets

Ce n'est pas une blague : un certain nombre de chats restent muets, ou presque, parfois toute leur vie ! Ils lèvent la tête vers leur maître d'un air plaintif et ouvrent la bouche sans qu'aucun son ne sorte. Mais cela ne les empêche pas de dire ce qu'ils ont à dire et, surtout, de se faire comprendre.

Il ne lui manque que la parole !

Ces chats ne sont pas muets au sens où ils n'auraient pas l'usage de la parole, mais n'émettent aucun son quand ils ouvrent la bouche pour miauler. Ce miaulement silencieux peut être également observé chez des chats habituellement très bavards. Il s'agit d'une forme inhibée de ce que l'on appelle la supplication, elle-même une forme retenue de la réclamation à cor et à cri, si l'on peut dire. Le maître peut essayer de faire répéter continuellement à son chat le son de la demande en le regardant et en imitant le bruit. Mais l'animal doit être motivé et la motivation résulte généralement de l'éloignement. Par exemple, si votre chat est assis dehors devant la porte d'entrée, lève la tête et vous aperçoit par la fenêtre, il va produire un miaulement de demande silencieux. Si vous répétez le miaulement, qu'il soit sonore ou silencieux, votre chat va continuer d'ouvrir la bouche sans émettre de son.

Eh bien, il l'a retrouvée !

Ainsi, une chatte baptisée « Grisounette », qui a vécu jusqu'à 25 ans était une chatte silencieuse. Pendant de nombreuses années elle a affiché un comportement tout à fait normal, excepté qu'en ouvrant la bouche pour miauler elle n'émettait aucun son. Elle était habituée à faire de temps en temps de longs trajets en voiture. Mais, un jour, alors que la circulation était extrêmement dense, en regardant par la fenêtre et en voyant toutes ces voitures, cette chatte a brusquement retrouvé la parole… et ne l'a plus jamais perdue ! Et c'était comme si elle l'avait toujours eue. Parmi les chats à pedigree, le Bleu russe est considéré par la plupart des éleveurs et des juges comme le chat le plus silencieux et, lorsqu'il miaule, sa voix est très douce. Cela correspond bien à l'image qu'il donne, à savoir celle d'un chat timide et peu démonstratif.

Pour en savoir plus... 53 54 56

56 Le mystère du ronron

Une mère entourée de chatons qui tètent et ronronnent : l'image du bonheur suprême, non ? Les chats ronronnent lorsqu'ils se sentent bien, en accueillant un congénère, en se frottant contre un objet, un autre chat ou leur maître et quand ils se roulent par terre. Les jeunes qui veulent attirer l'attention des adultes et les adultes qui rassurent les jeunes ronronnent aussi. Et la chatte fait ronron durant l'accouplement.

Pourquoi fait-il ronron ?

Même si le chat utilise le ronronnement comme outil de prise de contact et de réconfort, il est probable que le ronronnement trouve son origine dans la relation mère/chaton durant les tétées. Les chatons tètent très longtemps et l'avantage du ronronnement, c'est qu'il peut se faire la bouche fermée. Les ronronnements de concert pendant les séances d'allaitement ont un effet apaisant et assurent la cohésion de la portée au sein du nid. Grâce à ce langage inné, les chatons disposent d'un moyen de communication fédérateur lorsque leur mère est partie chasser, et particulièrement silencieux puisqu'il n'est pas entendu par les prédateurs. Le ronronnement est indispensable dans la société féline où les femelles élèvent seules leurs petits.

Outre son rôle relationnel et rassurant, le ronronnement est un moyen pour le chat de dire qu'il existe. Quand vous vous asseyez sur votre lit et entendez soudain votre animal, caché sous la couette, se mettre à ronronner, il vous dit : « Je suis là ! ». Il ronronne aussi quand le vétérinaire l'examine, peut-être pour calmer son angoisse ou montrer qu'il existe.

Presque tous les mammifères tètent, mais ils sont très rares à ronronner. Seuls les membres de la famille des Félidés, ainsi que leurs parents proches comme la civette, la mangouste, la genette et la hyène, ronronnent d'une façon ou d'une autre pendant les tétées. Les tigres, qu'ils soient à l'état sauvage ou en captivité, produisent un son proche du ronronnement tout au fond de leur gorge, mais uniquement lors de l'expiration. Le guépard, quoique différent sur le plan anatomique, émet un véritable ronronnement. Les grands fauves possèdent un hyoïde plus souple et plus élastique qui leur permet de rugir, mais les empêche d'émettre un ronron à deux temps, c'est-à-dire en inspirant et en expirant.

Fréquence et puissance sonores du ronron

Le chat domestique ronronne généralement selon une fréquence moyenne de 26,3 Hz par seconde (comprise entre 23 et 31 Hz) qui demeure identique tout au long de sa vie adulte.

Le ronronnement est plus sonore quand le chat garde la bouche ouverte, mais il n'est que de 84 dB à trois centimètres de sa bouche. C'est un son plus grave et plus doux que la plupart des sons émis par les chats.

SE COMPORTER EN CHAT

Pour en savoir plus...   34   53   54   55   57

57 Un spécialiste du pétrissage

Si votre chat saute sur vos genoux, il ne va peut-être pas s'installer tout de suite confortablement pour faire un petit somme, mais pétrir vos genoux ou votre abdomen au ralenti, selon un piétinement cadencé de ses pattes antérieures, comme le mitron malaxe sa pâte. Ce pétrissage est souvent accompagné de ronronnements de plaisir. Si vous n'y êtes pas encore habitué(e), ce comportement peut vous paraître surprenant et plutôt amusant.

SE COMPORTER EN CHAT

Votre chat retombe en enfance

De l'âge de trois semaines jusqu'au sevrage, les chatons passent du temps à téter en ronronnant et en malaxant le ventre de leur mère pour stimuler l'afflux de lait vers les mamelons. Le maître qui s'installe et offre la chaleur de ses genoux à son chat est assimilé à la mère qui offrait la tétée à son petit.

Mais ce comportement n'est pas seulement une résurgence du comportement infantile. En effet, les chattes adultes qui entrent en période d'œstrus piétinent, pétrissent et ronronnent de la même façon. Pour savoir si une femelle va entrer en chaleur, les éleveurs la caressent ou la tapotent légèrement le long de la colonne vertébrale jusqu'à la base de la queue. Si elle est en prœstrus, elle va soulever son arrière-train et adopter la position de la lordose. Si vous faites le même geste avec votre chat en train de pétrir vos genoux, vous suscitez chez lui une réaction identique. Par conséquent, le pétrissage accompagné de ronronnements du chat adulte peut être considéré comme un comportement à la fois infantile et sexuel, mais non dénué d'affection.

86 Pour en savoir plus... 30 31 34 49 56 96

58 Menacer ou rassurer du regard

Les chats sont dotés de grands yeux expressifs dont ils savent tirer parti dans leurs relations avec leurs congénères et d'autres animaux. Le clignement d'yeux et le regard fixe constituent leurs deux moyens d'expression visuelle privilégiés et antagonistes.

Je cligne des yeux, donc je suis ami

Cligner des yeux lentement est un signal rassurant très efficace que les chats utilisent entre eux lorsqu'ils sont assis, ou couchés en position de sphinx. On peut employer le clignement d'yeux pour calmer des chats de compagnie, des chats harets et même des tigres dans la nature. Les félins sont les champions des regards à la dérobée et si vous tentez de les approcher par surprise, vous risquez de les perturber sérieusement, alors que vous pouvez les mettre à l'aise en leur laissant le temps de lire dans vos yeux que vous ne représentez pas une menace pour eux. Évitez donc de vous approcher à pas de loup et effectuez des clignements d'yeux lents et sans ambiguïté.

Je fixe du regard, donc je suis ennemi

Filmer des chats apprend combien un regard fixe et insistant pouvait être ressenti comme menaçant et perturbant. Et s'ils se fixent du regard entre eux, c'est justement à des fins d'intimidation et de déstabilisation. Quand un chat agressif essaie d'intimider son adversaire, les yeux plissés et les oreilles menaçantes, son regard est imperturbable. Les chats peuvent aussi se regarder droit dans les yeux à certaines occasions – entre les saillies, par exemple – et là ce n'est certainement pas pour se menacer.

Les chats utilisent également le regard prolongé et insistant pour défendre leur territoire. Il suffit de voir ceux qui vivent dans des zones urbaines densément peuplées. Ils restent assis à leur poste d'observation, généralement situé en hauteur, pendant des heures, les pattes antérieures repliées sous eux, comme les sphinx, à fixer du regard un congénère prêt à s'introduire sur leur territoire. Ce comportement est très fréquent chez les femelles de territoires adjacents. Dans nos rapports avec ces petits félins, il ne faut jamais oublier à quel point un regard fixe peut les intimider et les inquiéter. Il est donc préférable d'avoir un regard mobile pour les socialiser.

SE COMPORTER EN CHAT

Pour en savoir plus...   4   43   44   47   50   52

UNE VIE DE CHAT… DE COMPAGNIE

Domestiqué et éternel insoumis

Le chat sauvage d'Afrique *(Felis silvestris lybica)*, qui partageait son domaine vital avec le chaus *(Felis chaus)* le long du Nil, en Égypte, est considéré comme le principal ancêtre du chat domestique. Même s'il est possible que le chat ait également été domestiqué ailleurs, les seules preuves vraiment tangibles dont nous disposons sur sa domestication se rapportent à l'Égypte ancienne où ces petits félins étaient gardés en captivité dans les temples.

Les déesses-chattes

Le chaus, appelé aussi chat de la jungle, a été identifié sur l'une des plus anciennes peintures égyptiennes représentant des chats, qui se trouvait près du temple de Pakhet, déesse-chatte de la Moyenne-Égypte. Il est peu probable que l'artiste ait pu représenter cet animal insaisissable sans l'avoir vu suffisamment. Des ossements de cette espèce ont été découverts à l'intérieur du temple, ce qui tendrait à prouver qu'il vivait là aux côtés du chat sauvage d'Afrique (page 91, photo du bas).

Le chat domestique était une espèce apparue ici-bas avec le statut d'une divinité. Les anciens Égyptiens associaient le chat à l'au-delà et l'identifiaient avec ses proches parents, les grands fauves. Il existait un lien entre la chaleur du soleil et la force du lion. Le Sphinx, à corps de lion, est le gardien des pyramides de Gizeh. Il est orienté à l'Est pour recevoir les premiers rayons du soleil. Les pharaons Khéops et Khephren ont également fait édifier la partie la plus ancienne du temple de la déesse Bastet à Bubastis, dans le delta du Nil, il y a quelque 4 500 ans.

Hérodote, qui a visité le temple de Bastet au 5e siècle av. J.-C., nous rapporte qu'il s'agissait du principal lieu de pèlerinage consacré à la divinité et qu'il attirait chaque année plus de 700 000 adorateurs, en majorité des adoratrices. À l'époque, Bastet était une déesse de la fécondité aussi vénérée que l'Artémis grecque ou la Diane romaine. Des millions de chats étaient momifiés et enterrés à Bubastis et dans d'autres lieux de culte qui leur étaient consacrés. Selon Hérodote, la fête en l'honneur de Bastet était célébrée avec d'abondants sacrifices, et des observations aux rayons X ont en effet révélé que de nombreux chats avaient eu le cou brisé. Mais lorsqu'un chat mourait de sa belle mort, ses propriétaires se rasaient les sourcils en signe de deuil et transportaient l'animal jusqu'à Bubastis pour le faire embaumer et enterrer.

Sauvage dans l'âme

Quand votre chat vous regarde, vous voyez dans ses yeux sa satisfaction et sa confiance envers vous, mais aussi un reste de sauvagerie, comme chez tous les Félidés. Pour sa taille, il dispose d'armes tout aussi redoutables que le tigre. Et nos chats domestiques ont conservé de nombreuses caractéristiques de leurs ancêtres sauvages, ce qui en fait les animaux les plus énigmatiques que l'on connaisse. D'ailleurs, les vrais amoureux des chats les aiment aussi pour ce côté sauvage qu'ils ont gardé.

Il est intéressant de noter que les deux animaux de compagnie les plus proches de

UNE VIE DE CHAT... DE COMPAGNIE

l'homme, le chat et le chien, sont tous les deux des carnivores et des prédateurs. Mais tandis que le chien fut l'un des premiers animaux domestiqués par l'homme, le chat fut l'un des derniers. Hasard ? Certainement pas. Plutôt la conséquence du mode de vie différent de ces animaux et de la vie des hommes à l'époque. L'homme chassait en groupe, comme les meutes de loups qui, attirées par la nourriture, rôdaient autour des camps. Et la suite de l'histoire n'est plus à raconter.

En revanche, la domestication du chat a nécessité un changement dans notre mode de vie et notre environnement sur des milliers d'années. Le développement de l'agriculture, la sédentarisation et l'urbanisation ont assuré la subsistance d'une population de chats normalement adaptée à la chasse en solitaire. Le passage du chat de la vie sauvage à la vie domestique a constitué une stratégie de survie extraordinairement efficace. Alors qu'à l'origine ce félin n'était répandu que localement au sein du Moyen-Orient, il est aujourd'hui présent massivement aux quatre coins du monde.

Pendant longtemps, les liens qui ont uni les chats et les chiens à l'homme étaient purement utilitaires. Le statut d'animal de compagnie du chat est très récent, mais il s'agit d'une évolution positive dont il ne faut pas se plaindre. Car les populations de toutes les autres espèces félines sont en déclin en raison de la destruction de leur habitat et de la chasse dont ils font l'objet. Le chat domestique est passé au statut d'animal familier alors que les populations de chats sauvages s'effondraient. La population humaine et la destruction par l'homme d'immenses territoires à la surface du globe ont explosé depuis le milieu du 19e siècle. Et l'essor démographique des chats domestiques a coïncidé avec celui des humains en raison des quantités de nourriture accrues à la disposition des chats de compagnie et des chats harets.

59 Une présence si agréable

Depuis sa domestication il y a environ 3 500 ans, le chat a joué un rôle essentiellement utilitaire : limiter la prolifération des rongeurs. Ce n'est qu'après la première exposition féline en 1871, à Londres, que cet animal est devenu progressivement un animal de compagnie. Son essor spectaculaire – jusqu'à devenir le premier animal de compagnie du monde – est donc particulièrement remarquable.

UNE VIE DE CHAT… DE COMPAGNIE

Un compagnon

Rares sont les maîtres à n'avoir jamais confié leurs secrets les plus intimes à leur chat, souvent leur compagnon le plus proche. Mais il y a encore plusieurs décennies, un tel engouement planétaire pour cet animal aurait été impensable.

Dans notre relation à cet animal, nous nous comportons vis-à-vis des chats comme s'ils étaient nos frères et eux se comportent souvent vis-à-vis de nous comme si nous étions des congénères. Le chien et le chat sont des mammifères tout aussi capables l'un que l'autre de faire d'excellents animaux familiers, mais leurs relations à l'homme sont différentes. Les chiens, dont les ancêtres sont les loups, ont une structure sociale hiérarchique. Ils sont en sécurité avec leur maître qu'ils considèrent comme un partenaire dominant et ce que nous prenons pour de l'affection de leur part n'est, en grande partie, qu'un comportement d'apaisement. Les chats n'ont pas vraiment le sens de la hiérarchie sociale et ne jugent pas utile de manifester un comportement d'apaisement, ce qui nous permet d'entretenir avec eux davantage une relation d'égal à égal que de dominant à dominé. Toutefois, les rôles ne sont pas toujours aussi clairement définis, car ils se comportent vis-à-vis de nous tantôt comme des chats adultes, tantôt comme des chatons… et tantôt comme partenaires sexuels !

Un essor grandissant

Ces dernières années, la population des chats de compagnie a connu une hausse massive en Amérique du Nord et dans toute l'Europe. En Grande-Bretagne, on comptait environ 5 millions de chats de compagnie au début des années 1980, mais ils étaient passés à 7,1 millions en 1993, détrônant le chien pour devenir le premier animal de compagnie des Britanniques. Cet essor spectaculaire de la population féline est largement dû au nouveau mode de vie des couples qui travaillent, ceux-ci jugent qu'il est trop contraignant de devoir sortir un chien plusieurs fois par jour et qu'il est donc moins commode d'avoir un chien en milieu urbain. Les jeunes couples qui ne veulent pas encore d'enfant préfèrent posséder un chat. Et la plupart des propriétaires de chats qui travaillent toute la journée ont deux félins au lieu d'un seul afin que ces derniers se tiennent mutuellement compagnie.

Le chat est également l'animal préféré des Français. Si l'on observe l'évolution de la population chat/chien en France, on constate que les chats n'étaient que 6,2 millions contre 7 millions de chiens en 1971. Mais la tendance s'est inversée au début des années 1990 et il y a maintenant plus de chats que de chiens dans les foyers hexagonaux : 9,7 millions de chats contre seulement 8,6 millions de chiens.

Pour en savoir plus… 42 60 61

60 Pourquoi le chat nous aime-t-il ?

Bien que les chats harets qui vivent en colonie puissent avoir entre eux des rapports affectueux et que les chats de compagnie vivant sous le même toit puissent se souhaiter la bienvenue en se frottant mutuellement la tête ou dormir ensemble, il leur arrive de se quereller de temps à autre. En revanche, les marques d'affection entre les chats de compagnie et leurs propriétaires sont aussi nombreuses que fréquentes.

Des « mamans chats », les humains ?

Pourquoi les relations affectives sont-elles plus développées entre un chat et un humain qu'entre un chat et ses congénères alors que nous n'appartenons pas à la même espèce ? Parce que nous nous ressemblons assez pour induire chez le chat des comportements infantiles, mais pas suffisamment pour provoquer chez lui des comportements défensifs et/ou offensifs à notre égard. Nous sommes la cible privilégiée de ses moments de régression à l'état de chaton, quand il pétrit nos genoux en ronronnant et en bavant, par exemple. Cela est dû en partie à notre grande taille comparée à celle d'un chat adulte, une différence similaire à celle qui existe entre un chat adulte et un chaton nouveau-né. Nos mains caressantes ressemblent à la langue maternelle et rappelle à notre chat le temps où sa maman lui faisait sa toilette. Le prendre dans nos bras et le transporter ici ou là, geste jusque-là effectué par sa mère, renforce notre rôle à ses côtés, nous faisant ainsi apparaître comme une mère nourricière, celle qui allait chasser pour lui rapporter des proies.

L'habituer tôt au contact humain

Les chats peu à l'aise avec les humains évitent leur contact. Ainsi, certains chats harets s'habitueront à l'âme charitable qui les nourrit régulièrement, tandis que d'autres garderont toujours leurs distances. Notons aussi que les colonies de chats harets se montrent plus tolérantes envers les membres de leur communauté qu'envers les étrangers et que nos chats de compagnie nous considèrent comme faisant partie de leur groupe.

Une socialisation précoce des chatons leur donnera à l'âge adulte des rapports plus détendus avec les humains. De plus, la domestication a contribué à la sélection de comportements plus infantiles chez les chats, ce qui les a rendus non seulement plus dociles, mais aussi plus confiants envers les hommes.

Un bon feeling entre le chat et nous

Quand deux chats qui se connaissent se rencontrent, ils s'explorent quelques instants, nez contre nez. Ils peuvent ensuite se frotter mutuellement la tête, puis marcher flanc contre flanc. Mais s'ils ne se connaissent pas, leur attitude est particulièrement prudente. Pour apprivoiser un chat, si nous tendons notre doigt, il se met à le renifler, puis se frotte contre notre main. Nous ne tardons pas à caresser l'animal, ce qu'il perçoit comme un geste positif. Il est probable que nos rapports faciles avec les chats soient dus en partie à notre incapacité à exprimer des intentions agressives par des mouvements d'oreilles. Nous initions et prolongeons des gestes d'affection, ce qui suffit à encourager le chat à avoir confiance en nous.

UNE VIE DE CHAT... DE COMPAGNIE

Pour en savoir plus... 37 40 41 50 67 77 79

61 Chat de gouttière ou chat de race ?

Si vous voulez un chat en bonne santé et peu sujet aux problèmes comportementaux, choisissez de préférence un chat de gouttière. En effet, les statistiques sont sans appel. Alors que les chats de race ne représentent que 7 % environ de la population féline en Grande-Bretagne, en Europe et aux États-Unis, ils concentrent à eux seuls 50 % des problèmes de comportement recensés par les spécialistes du comportement animal.

ressemblent par leur solide constitution, même si dans les pays méditerranéens, le sud de l'Asie et l'Asie du Sud-Est le climat chaud leur a donné une morphologie plus proche de celle de leurs ancêtres égyptiens. Pendant des siècles, et en particulier au Moyen Âge, la peur de la sorcellerie a gardé les chats de gouttière britanniques et européens à l'abri de l'élevage sélectif, d'où leur forme restée authentique et parfaitement reconnaissable.

La fragilité des chats à pedigree

Si l'on observe des problèmes de santé ou de comportement plus fréquents chez les chats à pedigree, c'est parce qu'ils possèdent un patrimoine génétique moins diversifié. Les propriétaires de chats de race appellent plus souvent le vétérinaire que ceux de chats de gouttière. De plus, la majorité des problèmes semble liée au confinement des animaux ou à une densité de population excessive et ils concernent davantage les chats de race que les chats de gouttière.

Qu'est-ce qu'un chat de gouttière ?

Le minou sans race définie est le chat domestique le plus répandu dans les villes comme dans les campagnes. C'est le chat de maison, de rue ou de ferme le plus connu. Il est aussi appelé chat domestique commun. C'est lui qui a donné directement naissance au British Shorthair en Grande-Bretagne, à l'American Shorthair aux États-Unis et à l'Européen à poil court en Europe. Les chats de gouttière se

Des personnalités toutes différentes

Demandez à tous les propriétaires de chats et ils vous diront que leur animal a une personnalité propre et bien définie. Cela vaut pour les chats de gouttière comme pour les chats à pedigree, même si les individus d'une race donnée partagent certains traits de caractère (cf. page 95). Quiconque a eu plusieurs chats au cours de sa vie se rappelle qu'ils avaient chacun leur propre tempérament et ont gardé en tête des événements qui soulignent un trait de caractère particulier de leurs anciens compagnons. Les éthologues emploient rarement des termes tels que « caractère » ou « compagnon », même s'ils utilisent des termes humains pour décrire des caractéristiques psychologiques plus négatives comme l'agressivité. Toujours est-il que le profil psychologique d'un chat est aisément identifiable, qu'on l'appelle « personnalité » ou « caractère ». Il arrive souvent que des propriétaires de chats donnent des surnoms en rapport avec leur caractère : « Monsieur Cool », par exemple.

Pour en savoir plus... 37 59 60 62 63

62 À chaque race sa personnalité ?

Une socialisation précoce et, en particulier, des contacts rapprochés avec l'homme dès le plus jeune âge, déterminent largement les rapports que le chat entretiendra avec ses maîtres. C'est pourquoi il faut se montrer prudent et éviter les généralisations abusives en attribuant à chaque race un profil psychologique et comportemental donné. Même si certains comportements sont plus spécifiques à telle ou telle race (cf. pages 96 à 99).

Des différences : le Persan et le Siamois

Les différences majeures de caractère et de comportement sont celles qui existent entre les principaux groupes de races. Par exemple, le Persan, à tête ronde et à fourrure longue et épaisse, est plus placide que les chats d'Asie du Sud-Est, à poil court et de nature extravertie, tel le Siamois. Cependant, le Siamois traditionnel (photo du bas) est bien moins élancé et d'un caractère beaucoup moins exubérant que le Siamois actuel. De même, la sélection génétique qui a donné au Persan moderne une face encore plus écrasée et un poil encore plus volumineux a produit un animal moins actif qu'auparavant.

Les races ne se sont pas mélangées pendant des siècles, d'où des groupes de races génétiquement distincts. Le chat vivant en Asie du Sud-Est est probablement issu d'ancêtres rapportés de Méditerranée par les navires marchands. La prédominance du gène de la queue raccourcie dans toute la région confirme cette idée. En revanche, le Persan est une race relativement récente ; des Angoras turcs et d'autres chats à poil long originaires d'une région s'étendant de l'est de la Méditerranée à la mer Caspienne ont été croisés en France au 18e siècle et en Grande-Bretagne au 19e pour donner naissance à une nouvelle race à poil long.

Divers comportements

Deux études ont révélé l'existence de comportements différents selon les races. Les Siamois, les Burmese et les Orientaux à poil court sont considérés comme les races les plus actives, les plus extraverties, les plus excitables, les plus joueuses, les plus exigeantes, les plus bruyantes et les plus destructrices. Un Siamois qui cherche à attirer l'attention y parvient toujours, car son miaulement est très sonore. Les Persans sont jugés peu démonstratifs et peu exigeants sur le plan affectif. Ils restent assis tranquillement pendant des heures, mais pas sur nos genoux, car leur fourrure abondante leur tiendrait trop chaud !

Le Persan *colourpoint* tient à la fois du Persan et du Siamois dans son comportement, et apparaît résolument « persan » dans sa morphologie ! Mais les différences comportementales ne sont pas toujours dues à la longueur du poil. Le British Shorthair, l'American Shorthair et l'Européen à poil court possèdent un poil court comme le Siamois et le Burmese, mais un caractère totalement opposé. De même, le Maine Coon, le Chat des forêts norvégiennes, l'Angora turc, le Turc du lac de Van et le Persan sont tous à poil long ou mi-long, mais leurs tempéraments sont radicalement différents. Le Persan est d'un calme olympien, les autres d'une énergie farouche.

UNE VIE DE CHAT... DE COMPAGNIE

Pour en savoir plus... 37 59 60 61

Histoires de races

Une race est un type de chat faisant l'objet d'un élevage sélectif, reconnaissable à des critères physiques spécifiques et reconnu par un organisme officiel. Les races anciennes découlent d'une séparation géographique et, par conséquent, génétique des populations félines. Même si les hommes ont contribué à leur développement, elles résultent largement d'une sélection naturelle. Les races traditionnelles sont donc les plus authentiques et leurs origines bien antérieures à l'essor de la félinotechnie.

L'Européen à poil court, le British Shorthair et l'American Shorthair

Le British Shorthair descend directement du robuste chat de gouttière (cf. page 94). Ce n'est qu'au 19e siècle que Harrison Weir, organisateur de la première exposition féline en juillet 1871, décida de créer des élevages et que ce chat sans nom devint le British Shorthair. Il connut une période de grande popularité, mais la race faillit s'éteindre au lendemain de la Seconde Guerre mondiale. C'est alors qu'il fut croisé avec des chats à poil court de race orientale et des Persans. La race fut relancée, certes, mais il en résulta un tout autre chat. La perte des caractéristiques propres au chat indigène aurait attristé Harrison Weir qui avait dit un jour : « Un chat à poil court de grande classe est l'un des animaux les plus parfaits jamais créés. »

Aux États-Unis, le croisement entre des American Shorthair et des Persans a donné naissance à une nouvelle race, l'Exotique. L'American Shorthair a reçu au départ un peu de sang des premiers British Shorthair, mais pas de sang persan.

Quant à l'Européen à poil court, il possède une morphologie semblable à celle de ses homologues d'outre-Manche et d'outre-Atlantique. Mais il n'a pas toujours eu le statut de race à part entière et fit l'objet de nombreux croisements, tout comme le Chartreux. Au Moyen Âge, les moines du monastère de la Grande Chartreuse auraient créé ce chat bleu. Mais pour sauver la race, il fallut la croiser avec des British Shorthair bleus et des Persans bleus, ce qui lui fit perdre tous ses caractères distinctifs. En 1970 la Fédération Internationale Féline décida d'assimiler le Chartreux au British Shorthair bleu, mais annula sa décision en 1977. L'Européen à poil court a connu un parcours similaire. Après avoir été jugé selon le même standard que le British Shorthair jusqu'en 1982, il est aujourd'hui considéré comme une race propre.

Les races orientales et étrangères à poil court

Les chats d'Asie orientale doivent être distingués des chats aux ancêtres européens. Chez les chats des rues vivant en Asie orientale, l'une des modifications génétiques les plus remarquables est celle de la queue tronquée que possèdent deux individus sur trois. Il y a plusieurs siècles, des marins arabes et indiens ont introduit en Malaisie quelques spécimens, dont l'un souffrait d'une malformation de la queue, et ce gène continue de s'exprimer chez les individus actuels. Ces chats importés étaient aussi probablement dotés d'une morphologie élancée, une caractéristique qui s'est transmise aux races sud-asiatiques. Le *Livre des poèmes du chat*, un ancien manuscrit provenant d'Ayuthia, la capitale du royaume du Siam (l'ancien nom de la Thaïlande), mentionne le Siamois, le Korat et un chat indigène au pelage brun proche du Burmese et du Tonkinois traditionnels, ce qui atteste de l'ancienneté de ces races.

Le Siamois Le chat siamois était le compagnon favori des monarques du Siam et offert en cadeau par la cour royale thaïlandaise à de nombreux diplomates étrangers au 19e siècle. Il fit sensation lors de la première exposition féline de 1871 et contribua largement à son succès. Au départ, seuls des Siamois seal point (brun foncé), le type de base de la race, étaient importés en Occident, mais progressivement la transmission du gène de dilution, un gène récessif, a engendré des Siamois à points bleus, à points chocolat ou à points lilas. D'autres couleurs de points sont apparues par croisements naturels entre chats vivant dans les temples thaïlandais. Des éleveurs occidentaux ont créé des chats à poil long à partir du Siamois et les marques à points sont devenues des critères essentiels dans le jugement d'une robe (après les motifs *tabby* sous-jacents) lors des expositions félines.

accouplement entre un Siamois et un chat indigène brun puisqu'elle présentait des points sombres sur sa robe brune. Elle fut accouplée avec un Siamois, puis avec ses propres chatons mâles. Il en résulta une portée comprenant des chatons Siamois seal point, des chatons identiques à Wong Mau et... des chatons à la robe brune unie : le Burmese était né. Pourant d'anciens manuscrits du royaume du Siam font déjà mention d'un chat à la robe marron, le « Thong Daeng ». S'agissait-il de l'ancêtre du Burmese ou du Tonkinois (un métis Siamois-Burmese) ?

Aujourd'hui, les éleveurs britanniques créent des Burmese à la morphologie plus longiligne, alors que les éleveurs américains ont conservé sa forme d'origine.

Burmese

L'Abyssin C'est un chat *tabby*, qui possède le gène tigré, même si nous ne le voyons pas ainsi parce qu'il ne possède pas de rayures. Même chez le chat de race minutieusement sélectionné, des marques *tabby* subsistent sur le front, la face et la queue. Les éleveurs ont pourtant travaillé dur pour réduire ces marques. Les Abyssins qui se reproduisent en liberté ont des marques beaucoup plus prononcées sur la face et le front.

La robe tiquetée, semblable à celle du lièvre, de la variété d'origine possède la même apparence dorée et luisante que celle du chaus. Les chatons abyssins sont d'une beauté remarquable. Les inconditionnels de l'Abyssin affirment que cette race remonte à l'Égypte ancienne. Certes, certaines statues égyptiennes représentent des chats au pelage tiqueté, mais il pouvait fort bien s'agir de chats détenus en captivité dans les temples.

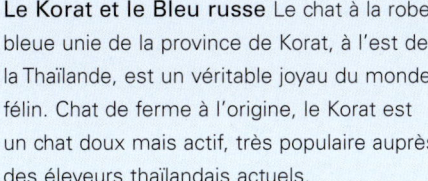

Le Korat et le Bleu russe Le chat à la robe bleue unie de la province de Korat, à l'est de la Thaïlande, est un véritable joyau du monde félin. Chat de ferme à l'origine, le Korat est un chat doux mais actif, très populaire auprès des éleveurs thaïlandais actuels.

Bien que le Korat ait participé à des expositions, il est resté longtemps ignoré au profit du Bleu russe, alors déjà établi. Même une fois devenu populaire, il s'est à nouveau heurté à des résistances en raison de ses similitudes avec le Bleu russe. Les premiers Bleus russes seraient originaires du port russe d'Arkhangelsk. Après la Seconde Guerre mondiale, des croisements entre Bleus russes et Siamois à points bleus destinés à produire un type plus oriental ont aggravé la confusion. Toutefois, dans les années 1960, des éleveurs de Bleus russes se sont efforcés de retrouver les caractéristiques originales de la race et le Korat a fini par se faire accepter.

Siamois

Le Burmese Lorsque le Burmese est apparu aux États-Unis, on pensait qu'il s'agissait d'une pure invention d'un éleveur. En 1930, une chatte brune a été ramenée de Rangoon à San Francisco. Elle devait être le fruit d'un

Abyssin

Korat

Bleu russe

Le Singapura Ce chat n'a été reconnu que récemment comme une race à part entière. Originaire de Singapour et introduit aux États-Unis vers 1970, il a reçu le surnom de « chat des égouts » : sa très petite taille lui permettait de trouver refuge dans les égouts de l'île. On lui a fait l'honneur de l'inscrire dans le *Guinness des Records* comme la plus petite race féline du monde – les chattes adultes ne pèsent que 1,8 kg et les mâles adultes 2,7 kg. Cette race n'ayant que quatre ancêtres, les éleveurs ont pris soin d'éviter une trop grande consanguinité.

Sa robe est tiquetée avec des marques (liées au gène *tabby*) en haut des membres antérieurs, comme l'Abyssin non sélectionné, mais moins importantes. C'est un chat doux et calme, à la démarche tranquille, mais qui peut se montrer très joueur et très curieux avec ses grands yeux largement ouverts.

Singapura

Le Bengale Un croisement effectué entre un chat sauvage d'Asie, le chat-léopard ou chat du Bengale, et un chat domestique dans les années 1970 a donné naissance au Bengale, reconnu comme une nouvelle race en 1983. Son étonnante robe tachetée, héritage de ses origines sauvages, l'a rendu très populaire. On en compte actuellement plus de neuf mille dans le monde.

Il semble que la quasi-totalité des espèces de chats sauvages puissent être croisées avec des chats domestiques. Les tentatives d'hybridation ont été nombreuses, mais pas toujours réussies ! Le Bengale semble avoir un comportement moins souple au lait que les autres races mi-domestiques mi-sauvages. Il est très vif et curieux, adore chasser et pourchasser. Sa voix est criarde.

Seule une progéniture d'agréable compagnie et d'humeur stable a été sélectionnée pour fixer la race. Les hybrides de première génération ne faisaient pas de bons chats de compagnie, mais son comportement s'est peu à peu modifié avec le travail de sélection. Chose étrange, les premiers hybrides préféraient uriner et déféquer dans l'eau courante, un comportement attribué à leur ancêtre sauvage. Ces chats ont néanmoins conservé une fascination toute particulière pour l'eau.

Bengale

Les races à poil long

Le Persan traditionnel C'est un animal magnifique, dont le type était populaire il y a quarante ans, doté d'un nez qui n'avait pas encore été modifié par une sélection trop poussée et d'une fourrure qui ne nécessitait aucun brossage.

L'Angora turc D'Istambul à Téhéran, on rencontre des chats à poil long et à la morphologie élancée, adaptée aux climats chauds. Une mutation naturelle leur a donné un poil long, mais ils ont conservé un corps mince et délié, ce qui leur permet d'affronter aussi bien les hivers rigoureux que les étés caniculaires. Ils sont caractérisés par une grande élégance et par la forme de leur face, qui est allongée.

Dans les années 1850 la plupart des Anglais qualifiaient les chats à poil long de « chats français », ces chats étant importés de Paris. Il s'agissait de l'Angora turc, originaire de l'empire Ottoman. Une fois établi en France, il y est devenu le chouchou de la cour au 17e siècle. En 1903, une juge d'exposition très influente a déclaré qu'elle ne voyait aucune différence entre l'Angora turc et le Persan. Leur ressemblance est en effet due à des croisements effectués sans discernement entre tous les chats à poil long, quelle que soit leur origine. Heureusement, le maintien de l'authenticité historique et géographique des races a repris ses droits, et le véritable Angora turc est réapparu dans les expositions au cours des années 1950.

Angora turc

Le Persan actuel Un élevage sélectif poussé en Grande-Bretagne et en Europe a raccourci le nez de ce chat pour produire une face soi-disant plus attrayante. Ses détracteurs la considèrent au contraire moins sympathique. Les éleveurs de Persans modernes ignorent les critiques tout à fait justifiées selon lesquelles ils transforment ce chat à la face écrasée, à la tête de bébé et à la fourrure si longue qu'elle nécessite un brossage quotidien en un jouet de plus en plus dépendant vis à vis de l'homme.

Persan moderne

Les Persans *silver tabby*, fumés et chinchillas Le Persan fumé fut considéré comme une variété à part entière en 1893, le Persan chinchilla en 1894. Ces deux variétés résultent de croisements entre des Persans *silver tabby* et sont dues à l'action d'un gène inhibiteur de la couleur.

La robe du Persan *silver* est argentée avec des marques *tabby* noires, et celle du Persan chinchilla a des reflets subtils dus au gène inhibiteur : le pigment ne remplit que l'extrémité du poil. Le Persan chinchilla résultant de l'accouplement d'un Persan fumé et d'un Persan *silver tabby*, les éleveurs ont essayé de gommer au maximum les marques *tabby*.

Le Persan fumé, lui, a le poil décoloré sur une faible longueur à la base, il est donc pigmenté sur une plus grande longueur. Quant au Persan caméo, la partie pigmentée de son poil est rousse.

Persan chinchilla et Persan silver tabby

Le Persan *colourpoint* Le Persan *colourpoint* (à points colorés), appelé « Himalayen » aux États-Unis, est un habitué des expositions. Il a hérité des points colorés du Siamois et d'un corps de Persan moderne.

La race est apparue en Grande-Bretagne et aux États-Unis il y a un peu plus de cinquante ans.

Afin de conserver l'apparence du Persan, les éleveurs croisent généralement des Persans *colourpoint* avec des Persans plutôt que des Persans *colourpoint* entre eux. Comme le gène des points est récessif, les chatons persans à robe unie sont ensuite croisés avec des Persans *colourpoint* pour donner des sujets *colourpoint* et des sujets unis. En réalité, le Persan *colourpoint* n'est pas une race distincte, mais un Persan à la robe particulière.

Le Balinais Le Balinais est un Siamois à poil long, mais c'est un mutant naturel du Siamois. Car des chatons à poil long apparaissent parfois dans des portées de Siamois. Il possède le corps du Siamois, mais un poil

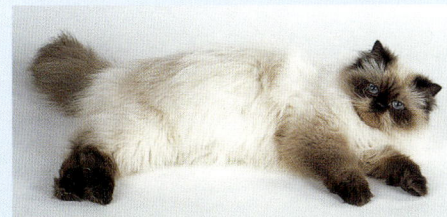

Persan colourpoint

long, fin et soyeux. Il a gardé le tempérament extraverti et bavard des Siamois et sa fourrure le rapproche de l'Angora turc. Il a aussi conservé un museau long et racé.

Le chat sacré de Birmanie Il possède les points du Siamois et une constitution physique un peu moins longiligne de l'ancien type de Siamois.

Balinais

Ses « gants » blancs sont caractériqtiques : selon la légende, ils seraient hérités des chats du temple de Lao-Tsun, en Birmanie, dont l'extrémité des pattes était blanche. Selon une croyance populaire, ils auraient une origine surnaturelle.

Chat sacré de Birmanie

Le Somali Le Somali est à l'Abyssin ce que le Balinais est au Siamois. Sa robe est tiquetée. On pensait à l'origine qu'il était le fruit d'une mutation spontanée, mais on a découvert que le gène récessif du poil long avait été introduit lors des premiers croisements d'Abyssins avec des chats à poil long.

Somali

Les races rustiques

Les chats à poil mi-long, les races naturelles plutôt rustiques connaissent un engouement croissant. Le Maine Coon, originaire de la Nouvelle-Angleterre, est très populaire aux États-Unis et de plus en plus apprécié en Europe. Un cousin très éloigné, le Chat des forêts norvégiennes, est d'une constitution tout aussi robuste et a aussi vécu longtemps auprès des fermiers.

Le Maine Coon Ce chat solide, plein de bon sens, menait autrefois une vie rude dans les fermes de la Nouvelle-Angleterre. C'est de loin le plus grand gabarit parmi les chats de race : le mâle adopte sa fourrure et sa morphologie définitives à l'âge de quatre ans environ et peut alors peser 11 kg ! Il est considéré comme un « gentil géant », car il possède une nature sociable, facile à vivre, et une assurance naturelle liée à sa taille.

Maine Coon

63 Bizarreries de la « nature »

La recherche de la nouveauté et de l'originalité à tout prix ont conduit les éleveurs à sélectionner des particularités ou des exagérations pour créer de nouvelles races ou de nouveaux standards de race au détriment des animaux. Des déviations potentiellement dangereuses pour la santé et le bien-être du chat en résultent, sans parler de leurs répercussions sur son comportement.

La sélection de l'extrême

Les changements physiques survenus chez certaines races résultent en partie d'une sélection progressive de caractères extrêmes opérée lors des expositions où les particularités très marquées étaient récompensées. Cette sélection trop poussée a produit le Persan moderne, un chat très typé dont l'écrasement exagéré de la face le prédispose aux maladies respiratoires, pharyngées et oculaires.

Fixer les mutations spontanées

Les éleveurs actuels sont également enclins à vouloir perpétuer une transformation radicale de l'apparence du chat liée à des mutations naturelles. Un certain nombre de ces « mutations sélectionnées » sont controversées, en particulier en raison de leurs conséquences sur le comportement de l'animal. Le Scottish Fold, par exemple, avec ses oreilles repliées (une difformité à l'origine), doit être croisé avec d'autres races pour éviter de terribles déformations des os et des cartilages. L'American Curl, originaire de Californie, possède des oreilles recourbées vers l'arrière, ce que les autres chats prennent pour une attitude offensive. L'incapacité de l'animal à bouger ses oreilles le prive d'un moyen de communication essentiel.

La mutation qui a donné des membres nains au chat baptisé ultérieurement Munchkin a été sélectionnée uniquement en raison de son caractère inédit. Ce chat ne peut pas grimper et sauter comme les autres et ne possède pas l'agilité et l'équilibre naturels de son espèce. Ses membres trop courts limitent également sa toilette. Quant au Sphinx, sa nudité l'empêche de réguler sa température interne. Il ne peut donc pas sortir librement de chez lui dès qu'il fait froid.

Le Manx

Le chat sans queue de l'île de Man existe depuis près de deux siècles. C'est une charmante créature, mais si la mutation spontanée dont elle a fait l'objet se produisait aujourd'hui, elle serait jugée inacceptable à perpétuer puisque le gène anoure (c'est-à-dire de l'absence de queue) est un gène dominant, létal pour le sujet homozygote, qui meurt au stade embryonnaire, et responsable d'un taux de mortalité à la naissance très élevé chez les sujets hétérozygotes.

64 L'arrivée dans une nouvelle maison

Si vous rapportez chez vous un nouveau chat ou si vous déménagez avec votre animal, n'oubliez pas que c'est un événement stressant pour lui. Si c'est un nouveau compagnon, préparez sa venue pour qu'il se sente chez lui le plus rapidement possible. Si c'est votre animal de compagnie depuis un certain temps, ne croyez pas qu'il va accepter avec joie ce déménagement sous prétexte que vous êtes habitués l'un à l'autre.

Le jour de l'arrivée…

Si vous déménagez avec votre chat ou rapportez chez vous un nouveau compagnon, transportez-le dans une caisse de transport et, à votre arrivée, déposez-le dans une pièce où il ne sera pas dérangé. Mettez à sa disposition de la nourriture, un bac à litière et rassurez-le. Dès que vous aurez mis un peu d'ordre dans votre nouvelle maison, laissez votre chat explorer les lieux. Ne l'autorisez pas à sortir pendant une bonne semaine.

Si vous lui accordez une brève promenade, tenez-le en laisse, c'est plus prudent. En tout cas, restez près de lui pour le guider lors du chemin du retour : il mémorisera ainsi son trajet. Ne le laissez pas tout seul dehors, mais restez calmement avec lui. Augmentez progressivement la durée de ses sorties jusqu'à le laisser se débrouiller tout seul si vous jugez qu'il connaît suffisamment son environnement extérieur.

Se mettre dans sa peau

Déménager est un événement très stressant pour nous : nous nous séparons de notre maison, de nos amis et de nos souvenirs pour pénétrer dans un nouvel univers, ce qui constitue toujours un bouleversement psychologique. Mais c'est encore plus perturbant pour notre chat qui ne sait même pas pourquoi il déménage. Jusqu'au dernier moment, pensez à votre animal. Pour éviter de le perdre, enfermez-le dans une pièce tranquille pendant que vous débarrassez les autres pièces. S'il a eu peur et s'est sauvé, attendez son retour. Une fois que vous aurez emménagé dans votre nouvelle maison, ne prenez aucun risque : ne laissez pas votre chat sortir sans surveillance tant que vous n'avez pas la certitude qu'il sait comment rentrer et tant qu'il ne s'est pas familiarisé avec son nouvel environnement.

UNE VIE DE CHAT… DE COMPAGNIE

Pour en savoir plus…   61   62   68   69   70

65 C'est l'heure de mon repas !

Le maître qui nourrit régulièrement son chat représente une source de nourriture toute prête. En cela il joue le rôle de sa mère et renforce son statut d'éternel chaton. Et parce qu'il représente aussi une source de nourriture toujours disponible, il est assimilable à un terrier ou à un garde-manger autour desquels l'animal structure son domaine vital.

Les protéines, une nécessité vitale

Le chat est un carnivore strict. Un régime végétarien lui serait fatal. Le chat a des besoins en protéines particulièrement élevés, métabolisant les protides et les lipides pour produire de l'énergie, ainsi qu'un besoin d'acides aminés et d'acides gras spécifiques dans son alimentation. Les fabricants d'aliments pour chats proposent des produits complets parfaitement équilibrés, mais aussi des produits alléchants destinés à séduire les sujets les plus difficiles ; alors vérifiez ce que vous achetez si vous nourrissez votre chat exclusivement avec des aliments industriels.

La composition des boîtes est similaire à celle d'une proie : 75 % d'humidité qui correspondent à une teneur protéique d'environ 35 % et à une teneur lipidique comprise entre 10 et 15 %. Avec les croquettes, dont le taux d'humidité est de seulement 10 %, le chat risque de fabriquer une urine trop concentrée favorisant la formation de calculs et, donc, la survenue de troubles rénaux, s'il ne boit pas 1/8 de litre d'eau par jour. Mais il est difficile de faire boire un animal qui tire ses besoins en eau de sa nourriture.

Un peu, mais souvent

Les chats capturent de petites proies, ce qui leur fait avaler de faibles quantités de nourriture, mais assez souvent. Si votre chat a librement accès à son écuelle, il mangera un peu dix à vingt fois par jour.

Cependant, nous avons l'habitude de nourrir notre animal deux fois par jour et il dévore rapidement ce qu'il a dans son assiette. Même si n'importe quel chat peut engloutir un lapereau âgé de deux mois en une seule fois, il préfère manger la moitié d'un lapin de trois mois le soir de sa capture et l'autre moitié à l'aube, après un petit somme.

Après le repas, dodo !

Vous entendez souvent dire : « Le chat ne pense qu'à manger et dormir ! » Ces deux activités principales de la vie du chat sont étroitement liées. C'est parce qu'il a une nourriture riche en protéines qu'il peut dormir autant. Son temps de sommeil important lui permet d'être moins stressé et de vivre plus longtemps que les mammifères de sa taille. Mais son régime hyperprotéique nuit à la santé de ses reins, trop sollicités pour éliminer les déchets. D'ailleurs, les maladies rénales constituent l'une des principales causes de décès chez les chats.

Pour en savoir plus... 17 22 24 34 60 99

66 Toilette… ou toilettage ?

Le chat est l'animal le plus propre qui soit. Les chats harets et la plupart des chats de compagnie à poil court font leur toilette tout seuls, et cela leur réussit, car ils sont presque toujours d'une propreté irréprochable. Ce pendant, chez le Persan moderne le poil dense et fin nécessite un toilettage quotidien minutieux.

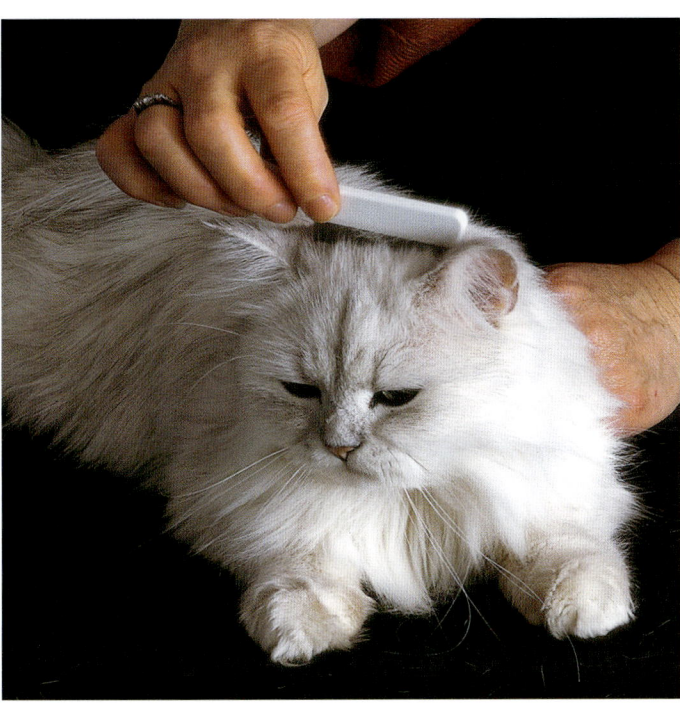

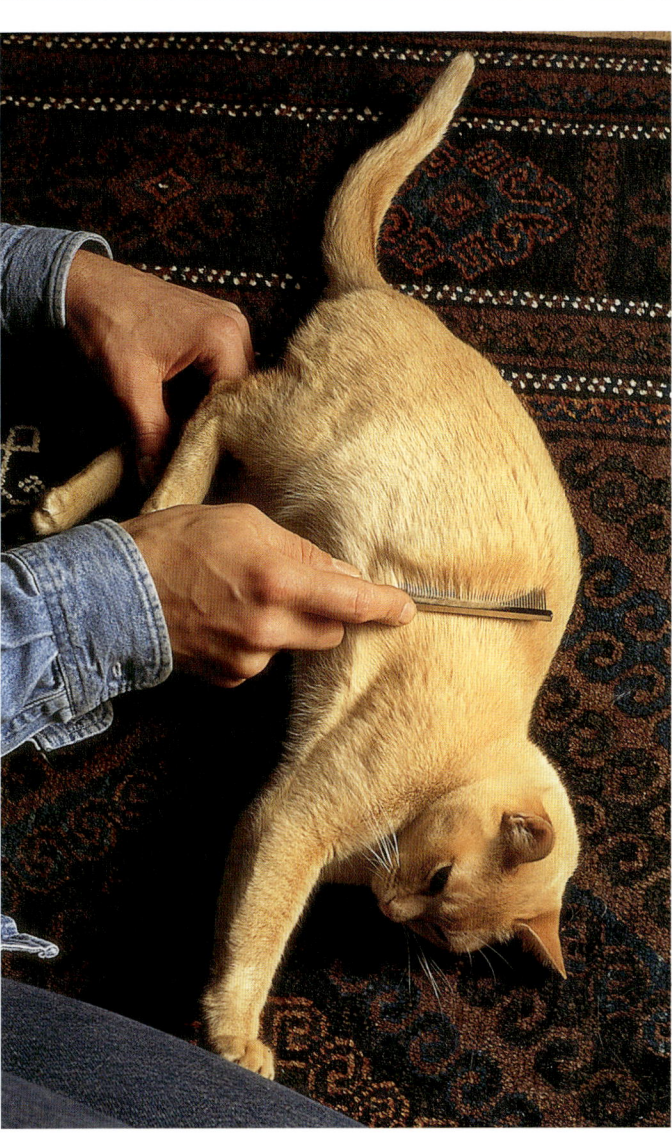

Quand le toiletter ?

Pour les chats à poil court, une à deux fois par semaine sera largement suffisant. Cela vous permettra de vérifier que votre animal n'a pas de puces et d'ôter ses poils morts, ce qui évitera à votre mobilier de ressembler à un yack ! Votre chat ingèrera également moins de poils, d'où un risque moins élevé de troubles du transit intestinal.

Les chats à poil long et mi-long se répartissent en trois groupes : les races rustiques à fourrure dense et épaisse comme le Maine Coon et le Chat des forêts norvégiennes ; les races à poil plus fin et plus léger comme l'Angora turc, le Balinais et le Somali ; enfin, les Persans actuels. La robe naturelle des deux premiers groupes ne nécessite pas des soins aussi intensifs que celle du Persan moderne. L'élevage sélectif a modifié sa fourrure à tel point qu'elle doit être brossée et peignée tous les jours pour éviter les nœuds. Un chat au pelage bourré de nœuds ne peut pas marcher correctement, sa peau étant tendue par les nœuds. Ce type de chat ne survivrait pas à l'état sauvage.

Habituez votre Persan à être toiletté en douceur dès son plus jeune âge afin que les séances de toilettage se passent par la suite en toute sérénité. Démêlez délicatement le poil avec un peigne à larges dents ou à la main. Si les nœuds sont trop nombreux et trop serrés, demandez l'aide du vétérinaire. De plus, en raison d'un canal lacrymal déformé, les Persans modernes n'évacuent pas correctement leurs larmes, ce qui provoque leur débordement sur la fourrure et emmêle le poil. Essuyez donc les yeux de votre chat avec un coton.

Les chats à poil long de type ancien, qui n'ont pas été manipulés génétiquement, ne connaissent pas tous les problèmes des Persans de type actuel. Par exemple, l'Angora turc subit une mue spectaculaire de sa fourrure à chaque printemps, car en Anatolie, son pays d'origine, il fait très froid l'hiver et très chaud l'été. À l'inverse, le poil du Persan moderne peut s'emmêler autour de l'anus et attirer des asticots par temps très chaud, d'où son toilettage indispensable.

Pour en savoir plus…   28   37   62

67 Communiquer avec son chat

À bien des égards, nous nous comportons envers nos chats comme s'ils étaient des humains ! Et pour nos chats, nous sommes en quelque sorte l'un des leurs ! L'homme et l'animal de compagnie représentent deux mondes en interaction. Nous parlons à nos chats et eux apprennent à interpréter nos paroles et nos gestes. De plus, ils établissent leur domaine vital en étroite relation avec nous et nos lieux de vie.

Un membre de la famille

Selon un sondage réalisé en France en 2001, 85 % des propriétaires de chats affirment qu'il leur arrive de parler à leur animal. Et d'après une étude réalisée par Peter Borchelt et Victoria Voith sur près de neuf cents propriétaires de chats fréquentant quatre cliniques vétérinaires américaines, ils étaient 96 % à parler à leur animal au moins une fois par jour. Près de 65 % reconnaissaient qu'ils parlaient à leur chat exactement comme à un humain – en général comme à un enfant, et 99 % considéraient leur chat comme un membre de leur famille. Parmi ceux qui parlaient à leur chat, seuls 13 % affirmaient qu'ils lui parlaient comme à un simple animal domestique.

Une communication conditionnée

Dans chaque foyer on observe un langage un peu hétéroclite entre le chat et l'homme, issu d'un besoin mutuel de communiquer. La plupart d'entre nous parlent à leur chat comme à un enfant et à l'heure des repas comme à un bébé, d'une voix haute et chantante. Nous tapotons l'assiette en employant une formulation et une intonation toujours identiques : « Minou, minou, viens manger, viens mon bébé ! ».

Les chats sont habitués à d'autres rituels quotidiens. Par exemple, leur maître s'assoit après le repas, ce qui signifie qu'ils vont monter sur ses genoux et s'y installer pour faire un petit somme. Ils apprennent aussi à anticiper des événements réguliers comme le retour à la maison de leur propriétaire le soir. Si votre chat est derrière la porte pour vous accueillir, c'est tout simplement qu'il a entendu le moteur de votre voiture !

Son territoire dépend du vôtre

Si vous observez comment votre chat établit son domaine vital, vous verrez qu'il vous considère comme un congénère. Il ne considère pas une clôture comme une limite territoriale, mais se montre attentif à votre propre utilisation de l'espace.

Si vous n'allez jamais dans votre jardin, votre chat n'y sera probablement pas attaché. Si, au contraire, vous aimez vous y reposer, il ne tardera pas à venir vous tenir compagnie. Même si une clôture ne représente pas pour lui une limite de propriété, si elle en est une pour vous, elle en sera une pour lui.

Pour en savoir plus... 17   37   59   60   74   78   79

68 Tout sur les chatières

Cela fait très longtemps que nous permettons aux chats d'entrer et de sortir à leur gré dans les maisons. En témoignage, cet ancien moulin dont la porte d'entrée avait été percée d'un trou depuis des siècles afin de permettre aux chasseurs de rongeurs d'aller et venir à leur guise. Le trou était situé à une hauteur accessible aux chats mais inaccessible aux rongeurs, qui se retrouvaient alors prisonniers.

UNE VIE DE CHAT… DE COMPAGNIE

Quelle chatière choisir ?

Les chatières actuelles constituent un progrès considérable, car elles évitent les courants d'air ! Malheureusement, les modèles les plus simples permettent aux chats du voisinage de les utiliser, s'ils savent le faire, pour entrer dans votre maison. Même si l'odeur laissée par votre animal suffit généralement à les dissuader d'entrer, ce système n'est pas efficace à 100 %. Si vous êtes dérangé(e) par les allées et venues d'autres chats, choisissez une chatière électromagnétique à travers laquelle ne peuvent passer que les chats munis d'un aimant fixé à leur collier. De plus, ces chatières sont habituellement dotées de plusieurs fonctions, par exemple autoriser l'entrée mais interdire la sortie du chat ou vice versa.

Les meilleures chatières sont multifonctions et dotées d'un battant transparent. Elles sont très faciles à utiliser par le chat qui peut voir à travers – vérifier qu'il peut entrer ou sortir en toute sécurité – avant de pousser le battant avec son nez ou ses pattes antérieures pour passer et se retrouver de l'autre côté.

Apprenez-lui à l'utiliser

Commencez par maintenir le battant grand ouvert à l'aide d'un ruban adhésif ou d'une pince à linge. Si votre chatière est électromagnétique, désactivez le système.

Laissez votre chat se familiariser avec sa chatière, la renifler à volonté. En général, il suffit de l'appeler pour l'encourager à passer à travers plusieurs fois.

Abaissez progressivement, sur quelques jours, le battant de la chatière jusqu'à ce que l'ouverture ne mesure plus que sept centimètres environ afin d'habituer votre chat à pousser le battant pour entrer ou sortir. Une fois qu'il sait comment faire, enlevez la fixation du battant ou activez le dispositif électromagnétique.

Pour en savoir plus… 14 15 64 67

69 Animal familier rime avec identité

Si votre chat va se promener à l'extérieur, il doit pouvoir être identifié. Le moyen d'identification le plus simple est le collier muni d'une médaille portant son nom, votre nom de famille, votre adresse et votre numéro de téléphone. Si votre compagnon est victime d'un accident ou se perd, vous devez pouvoir être contacté(e). De plus, la médaille gravée prouve que le chat trouvé n'est pas un chat errant.

Un collier bien ajusté

Le collier doit être muni d'un élastique de sécurité : si votre chat se coince dans une branche, il doit pouvoir se dégager. Ne serrez pas trop son collier – vous devez pouvoir glisser deux doigts dessous. S'il est trop lâche, au contraire, votre animal risque de s'accrocher plus facilement aux branches.

En zone urbaine, un collier réfléchissant rend le chat aisément repérable quand il traverse la route. Mais certains chats trouvent toujours le moyen de se débarrasser de leur collier.

Pour eux, la puce électronique d'identification injectée sous la peau est une meilleure solution.

Une laisse et un harnais difficiles à accepter

Une laisse et un harnais se révèlent parfois extrêmement utiles. Par exemple, lorsque vous avez déménagé et souhaitez familiariser votre chat avec son nouvel environnement extérieur en toute sécurité.

Bien sûr, vous devez commencer par l'habituer à porter un harnais à l'intérieur. Au début, la plupart des minous se tortillent dans tous les sens pour tenter de s'en débarrasser. Laissez-le porter son harnais sans la laisse pendant quelque temps en allongeant progressivement la durée de l'apprentissage, puis fixez-y la laisse en la laissant traîner derrière le chat. Au départ, en effet, il est préférable de ne pas la tenir.

Il arrive enfin un moment où votre chat accepte de vous suivre dehors en laisse. Si vous lâchez la laisse par mégarde dans un endroit inconnu ou potentiellement dangereux, ne criez pas après votre chat ou ne vous précipitez pas sur lui : cela l'encouragerait à prendre la fuite. Au contraire, continuez à marcher calmement à ses côtés et ramassez la laisse sans hâte dès que l'occasion se présente.

70 Les voyages forment… les chats

Trop nombreux sont les chats à ne sortir de chez eux que pour aller chez le vétérinaire ou en pension. Les déplacements sont donc associés dans leur esprit à un événement négatif. Si vous n'habituez pas votre chat à voyager, le jour où vous serez obligé de l'emmener chez le vétérinaire parce qu'il sera blessé ou malade, vous lui infligerez un stress supplémentaire et totalement inutile.

Habituer son chat à voyager

Les chats peuvent être facilement stressés par les voyages en voiture et miauler sans arrêt. Et quelques kilomètres peuvent suffire à les rendre malades. Par temps chaud, la situation peut être encore pire. Si vous voulez éviter tous ces problèmes, habituez votre chat à voyager, de préférence dès son plus jeune âge.

Veillez d'abord à ce qu'il ne rechigne pas à aller dans sa caisse de transport. Il risque, en effet, de se sauver en vous voyant arriver avec sa caisse dans la main si vous avez l'habitude de l'utiliser uniquement pour le conduire chez le vétérinaire. La caisse de transport idéale est en plastique et suffisamment aérée pour donner au chat un sentiment de sécurité et non l'impression d'être exposé à tous les vents. Les paniers en osier ne sont pas toujours très sûrs ni très faciles à nettoyer. Garnissez le fond de la caisse de papier journal, sur lequel les chats adorent s'asseoir, et mettez doucement votre compagnon dans sa caisse sans la fermer. Laissez-la ouverte dans la maison pendant quelques jours pour que votre animal puisse y aller s'il le souhaite. De temps en temps, promenez votre compagnon dans sa caisse à l'intérieur de la maison. Ensuite, mettez la caisse – avec le chat dedans, évidemment – dans votre voiture et asseyez-vous près de votre chat. Faites cela pendant quelques jours, puis avec le moteur en marche. Habituez d'abord votre animal à de courts trajets avant de lui faire effectuer des déplacements de plus en plus longs. Veillez à conduire sans à-coups et assez doucement pendant les premiers kilomètres. Les autoroutes plaisent généralement davantage aux chats, car elles comportent moins de virages, de ronds-points et de carrefours. Votre animal finira par accepter de bon cœur les voyages en voiture. Mais montrez-vous patient(e) !

UNE VIE DE CHAT… DE COMPAGNIE

Pour en savoir plus…   60   64   67

71 Les foyers multichats

De nombreux foyers possèdent plus d'un chat et, en général, les choses se passent bien, mais il n'est pas toujours facile de faire accepter à l'occupant un nouveau congénère. Pourquoi ? Parce que les chats sont des animaux fondamentalement solitaires qui ont besoin de temps pour s'adapter à un nouveau venu et l'accepter. Le processus de familiarisation ne va pas sans quelques bagarres initiales.

En élever deux

Si vous ne voulez pas un seul chat chez vous, mais plusieurs, le plus simple est de prendre deux chatons : ils se comporteront comme des compagnons de portée. Les chats qui vivent ensemble depuis leur plus jeune âge gardent souvent l'habitude de se lécher mutuellement de temps en temps. Mais même deux chats qui n'ont pas été élevés ensemble peuvent renforcer leurs liens par le rituel de la toilette mutuelle.

La familiarisation par l'odeur

Si vous rapportez un nouveau venu à la maison, votre chat doit avoir la possibilité de faire connaissance avec son nouveau congénère juste par l'odeur pendant un certain temps. Le nouvel arrivant doit, en effet, acquérir son « droit de présence » vis-à-vis de l'occupant « en titre ». Essayez au départ de garder le nouveau chat dans une pièce ; quand le chat résidant est absent, laissez-le aller et venir dans le reste de la maison, puis enfermez-le à nouveau dans sa pièce. Les deux chats vont se familiariser progressivement avec leurs odeurs respectives. Quand ils se retrouveront nez à nez, ils se bagarreront un peu, mais leurs conflits ne seront pas aussi graves qu'ils auraient pu l'être sans familiarisation olfactive !

Ils se disputent

Même si deux chats sont habitués l'un à l'autre en vivant sous le même toit, des conflits peuvent survenir au moment des repas ou, saisonnièrement, lors du blues hivernal, lorsque les chats sont confinés de force à l'intérieur. À l'approche de son agresseur, le chat attaqué s'accroupit et aplatit ses oreilles pour offrir le moins de prise possible, mais lève une patte méfiante et donne des coups de pattes en l'air en sifflant et en grognant. Il ne s'agit pas d'une position de soumission, car il est prêt à riposter. Si l'un des deux chats attaque l'autre par surprise, le chat attaqué se redresse et réplique. Les deux chats se cabrent, mais celui qui est en position défensive donne de grands coups de griffes avec ses pattes antérieures, comme quand il est sur le dos lors de véritables affrontements.

Pour en savoir plus... 17 18 19 28 40 64 93

72 Il vieillit, lui aussi

Le chat est toujours très digne, quel que soit son âge. Même très âgé, il aime encore la vie, surtout s'il peut se chauffer au soleil ! Vous pouvez l'aider à rester en bonne santé en lui prodigant des soins adaptés, mais parfois vous aurez à faire le choix difficile de mettre fin à ses souffrances…

Quelle espérance de vie ?

Les mâles entiers vivent en général deux ans de moins que les mâles castrés. Chez les femelles, la stérilisation influe peu sur l'espérance de vie. Douze à quatorze ans, c'est un bel âge pour un chat opéré, qu'il soit mâle ou femelle. Rares sont ceux à dépasser l'âge de seize ans, et franchir le cap des vingt ans est tout à fait exceptionnel.

Qui dit chat âgé dit soins particuliers

Un chat moins actif a besoin qu'on lui coupe les griffes plus souvent. Sa démarche peut devenir plus raide et son poil moins brillant. Surveillez tout particulièrement ses dents et ses gencives. S'il l'accepte, brossez-lui les dents afin de prévenir le tartre et l'inflammation des gencives. Votre vétérinaire peut procéder à un détartrage pour prévenir la chute des dents. Donnez-lui de temps en temps des aliments naturels à mastiquer pour l'aider à conserver des dents en bonne santé.

Les troubles rénaux liés à un régime alimentaire riche en protéines sont la principale cause d'amaigrissement chez le chat âgé. Vous remarquerez que votre animal boit davantage. Certains chats se portent mieux avec un traitement médicamenteux adapté et une modification de leurs habitudes alimentaires, même si le pronostic à long terme est défavorable.

L'euthanasie

Votre chagrin sera immense s'il vous faut euthanasier votre chat. Votre vétérinaire saura vous conseiller au mieux, mais la décision finale vous revient. L'euthanasie se pratique généralement chez le vétérinaire, mais elle peut avoir lieu à votre domicile. Le chat est préalablement tranquillisé puis reçoit une injection d'euthanasique. Vous devrez également préciser à votre vétérinaire si vous préférez enterrer votre chat, le faire incinérer (collectivement ou individuellement) et éventuellement confier ses cendres à un cimetière pour animaux.

3% des consultations sont consacrées aux euthanasies et c'est toujours un moment très pénible. En Grande-Bretagne, des cours sur l'accompagnement psychologique des propriétaires en deuil sont de plus en plus dispensés dans les écoles vétérinaires. En France, quelques conférences sont données par des vétérinaires.

73 Le stériliser et le vacciner

À moins de vouloir destiner votre chat à la reproduction ou aux expositions, vous devez envisager sa stérilisation. Vous éviterez ainsi les affrontements trop fréquents avec des congénères, l'émission de jets d'urine nauséabonds du matou, les miaulements à n'en plus finir de la chatte en chaleur et, surtout, la naissance de chatons non désirés. Quant à la vaccination, elle est indispensable pour éviter les maladies.

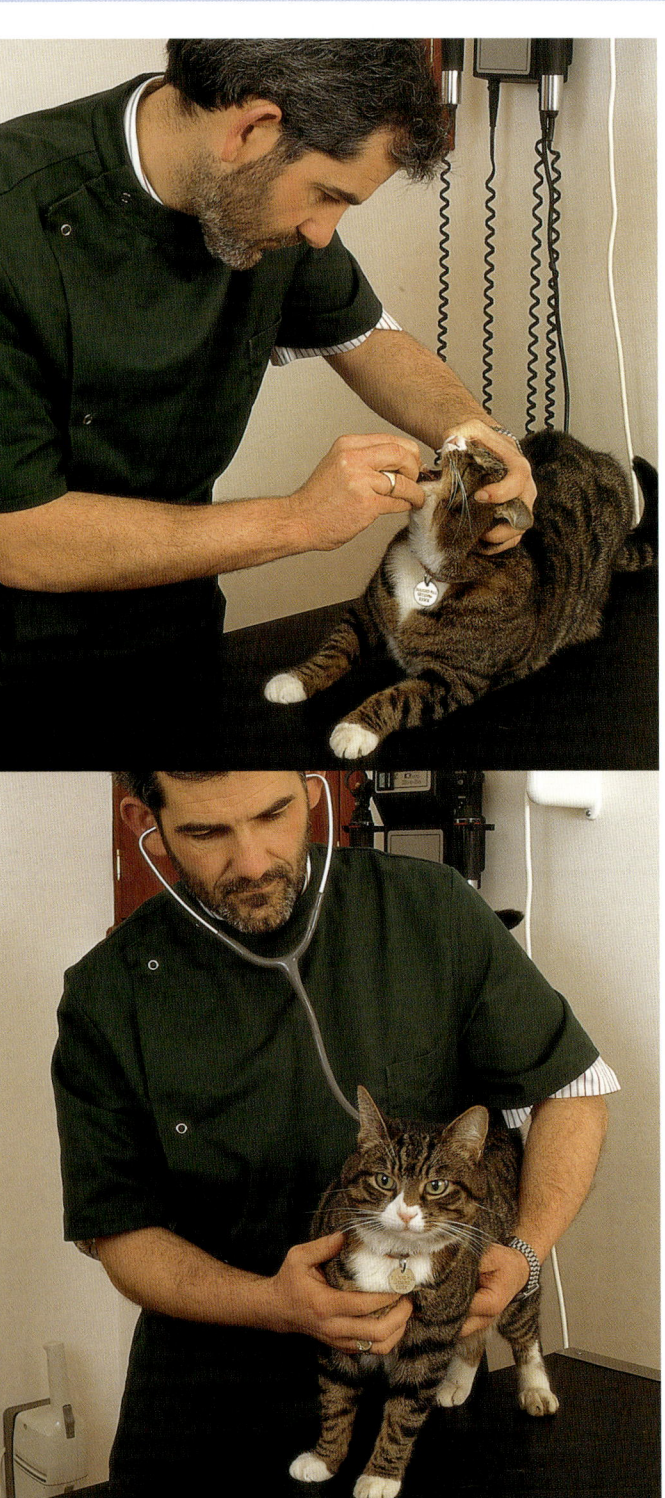

Ovariectomie et castration

Chez la femelle, l'opération de stérilisation s'appelle une ovariectomie et la plupart des vétérinaires préfèrent la pratiquer à l'âge de cinq mois. Chez le mâle, il s'agit d'une castration et elle ne se pratique pas avant l'âge de six mois.

Chez la chatte, le vétérinaire procède à l'ablation des ovaires. C'est un acte de routine qu'il pratique sous anesthésie générale. Comme pour toutes les interventions chirurgicales, la chatte doit être à jeun depuis environ douze heures. Lorsque vous la ramenez à la maison le lendemain, donnez-lui une nourriture facile à digérer pendant un jour ou deux. Une semaine plus tard, vous devrez la conduire à nouveau chez le vétérinaire pour lui faire retirer ses points de suture.

Chez le mâle, la castration se pratique également sous anesthésie générale avec un jeûne préparatoire. Mais comme il s'agit d'une intervention mineure, le matou peut rentrer chez lui le jour même. Il aura besoin d'un repas léger et de repos. Il n'y a généralement pas de fils de suture de la plaie à retirer.

Une pratique ancienne

Selon l'opinion générale, la stérilisation est une pratique récente. Chez la femelle, certes, mais pas chez le mâle. Depuis très longtemps, l'homme castre les chevaux, les taureaux, les verrats, les béliers, les coqs et les matous pour les rendre plus « gérables » et, s'il s'agit d'animaux d'élevage, pour les rendre plus gras.

Au début du 17e siècle, le naturaliste Edward Topsell observait déjà très justement que, chez les chats domestiques, les mâles vivaient plus longtemps s'ils étaient castrés.

La vaccination

Les chats sont aujourd'hui vaccinés contre de nombreuses maladies dont le typhus, la leucose féline, ainsi que la rhino-trachéite féline et la calicivirose féline, plus connues sous le nom de coryza du chat. Il est important de vacciner les chatons dès qu'ils ne sont plus immunisés naturellement par le lait maternel. Votre vétérinaire vous conseillera sur le calendrier de vaccination.

La vaccination est obligatoire chez les chats d'exposition et ceux qui ont l'occasion de fréquenter les pensions. Dans les pays où la rage existe, il est préférable d'administrer à son chat le vaccin antirabique.

74 Les dangers du confinement

Il y a vingt-cinq ans, la plupart de nos petits félins, qu'ils vivaient aux États-Unis, en Europe ou en Grande-Bretagne, pouvaient sortir librement, mais aujourd'hui une peur croissante du monde extérieur, considéré comme inadapté à nos animaux de compagnie, s'est emparée des pays occidentaux. Les principaux dangers qui guettent les chats à l'extérieur sont les accidents de la circulation et les maladies.

Bien évaluer les risques

Avant de garder votre chat enfermé à la maison, évaluez les avantages et les inconvénients de ce choix. Certes, il risque moins d'attraper des maladies contagieuses ou de se faire écraser par une voiture, mais il risque davantage de développer des problèmes comportementaux. Si la circulation est dense près de chez vous, votre prudence est parfaitement justifiée. Mais les peurs liées à la circulation automobile sont généralement excessives. De plus, aux États-Unis, les chiffres évaluant le risque d'un chat d'attraper des maladies à l'extérieur ne tiennent souvent pas compte des vaccinations préventives qui existent. La rage y est endémique, mais elle se transmet principalement par les chiens ; les chats, eux, transmettent rarement la maladie.

L'augmentation du confinement de la population féline – 55 millions de chats restent enfermés toute leur vie – a entraîné un accroissement des problèmes comportementaux dans des pays comme les États-Unis. Les animaux urinent partout dans la maison, griffent les rideaux et se montrent agressifs. Malgré ces faits indiscutables, un responsable américain a déclaré lors d'une réunion des associations de protection du chat : « Je présume que nous sommes tous d'accord sur le fait que les chats, toutes populations confondues, ne doivent jamais sortir en liberté ? » Paradoxalement, la race ancienne et totalement naturelle dont l'Amérique est la plus fière, le Maine Coon, doit sa robustesse uniquement à son mode de vie rustique. C'était un chat qui sortait par tous les temps.

L'ablation des griffes

Ceux qui font opérer leurs chats pour leur enlever leurs griffes justifient leur décision en disant que leur animal est agressif ou abîme leur mobilier, et que cette intervention constitue leur dernier recours. Mais certains chatons se voient enlever leurs griffes préventivement. Il s'agit d'une mutilation, d'un acte barbare ni plus ni moins, et ce doit être considéré comme tel par les associations de protection animale. Cet acte inutile était devenu courant dans certains pays, mais il est aujourd'hui interdit en Grande-Bretagne et, depuis peu, en France. Les approches comportementales sont bien meilleures et les propriétaires de chats peuvent obtenir l'aide de spécialistes du comportement félin en s'adressant d'abord à leur vétérinaire.

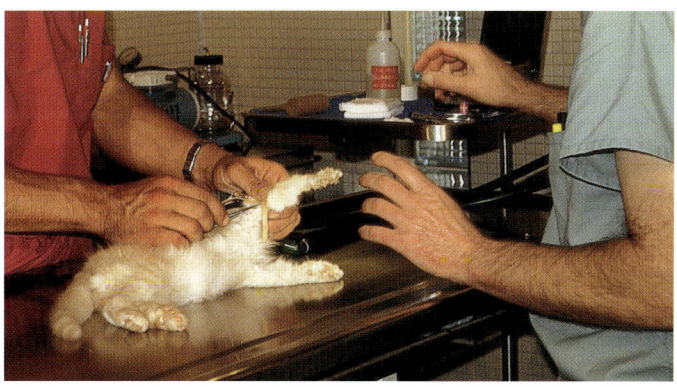

Pour en savoir plus... 84 87 89 90 98

75 Une herbe aux pouvoirs magiques

Si vous faites pousser de la cataire, une plante baptisée herbe à chat du genre *Nepeta*, vous ne tarderez pas à constater son pouvoir d'attraction sur votre chat. L'essence contenue dans ses feuilles et sa tige stimule les bulbes olfactifs, déclenchant un état particulier chez l'animal qui modifie son comportement. Le chat domestique n'est pas le seul à être « envoûté » par cette odeur : les lions y réagissent de façon similaire.

Des réactions variées

Tous les chats ne sont pas sensibles à l'odeur de la cataire. Cette sensibilité semble se transmettre par un gène dominant à environ 50 % des chats et ne se manifeste pas avant la maturité sexuelle. Les chatons sevrés âgés de neuf à douze semaines commencent à s'y intéresser. La réceptivité à l'herbe à chat semble également liée à la race, car les Siamois sont moins attirés que les autres.

Quelle est la réaction habituelle du chat ? Il renifle la plante, puis la lèche. Certains chats, en particulier les plus âgés, bavent abondamment. Ces réactions sont assez souvent suivies de quelques frottements du menton contre la plante (cf. page 33). Ensuite, l'intérêt diminue chez la plupart des chats. Mais les inconditionnels vont tenter de tirer l'herbe avec leurs pattes pour la frotter contre leur tête. Si vous leur enlevez leur « drogue », même les chats les plus affectueux risquent de vous griffer à ce moment-là. Soyez donc particulièrement vigilant(e). Quelques secondes plus tard ils auront retrouvé leurs esprits et se seront calmés. Les chats timides et craintifs se contentent souvent de renifler l'herbe avec intérêt, contrairement à certains chats accros qui vont jusqu'à la manger. Mais une fois ingérée, la plante produit au contraire un effet calmant. Toujours est-il qu'au bout d'un moment la plupart des chats sont saturés de cette odeur.

Cette réaction comportementale observée chez les deux sexes ressemble à celle de la femelle qui se roule par terre en période d'œstrus et après l'accouplement, mais elle touche aussi bien les animaux stérilisés que les autres. Il est probable que l'odeur forte de la cataire soit proche de l'odeur sexuelle de la chatte. Le besoin de la chatte de se rouler dans cette plante peut être dû à des modifications de sa sensibilité cutanée ou des sécrétions de ses glandes sous l'action des œstrogènes.

Une essence envoûtante

La cataire qui pousse à l'état sauvage, la *Nepeta cataria*, attire davantage les chats car son odeur est beaucoup plus forte que celle des variétés cultivées telles la *Nepeta racemosa* ou la *Nepeta* « Six Hills Giant ». Si vous souhaitez cultiver la variété sauvage dans votre jardin pour faire le bonheur de vos chats, faites-la pousser parmi d'autres plantes pour la protéger des ardeurs destructrices de vos compagnons !

Pour en savoir plus... 7 11 12 18 29 30

76 Faire dodo avec son chat

Certains propriétaires ne pourraient même pas s'imaginer dormir sans leur ribambelle de chats, alors que d'autres refusent d'être envahis de félins ! Selon une étude américaine, sur dix mille foyers possédant des animaux de compagnie, 60 % des animaux dorment dans ou sur le lit de leur propriétaire. Et selon un sondage réalisé en France en 2001, 45 % des propriétaires de chats disent qu'il leur arrive de dormir avec leur minou.

Chut…, il dort !

Selon l'étude américaine, le groupe qui dort le plus volontiers contre son animal de compagnie est celui des jeunes femmes âgées de dix-huit à trente-quatre ans. En revanche, les hommes mariés de plus de quarante-cinq ans ne tolèrent l'animal que s'il reste au pied du lit.

Les chats apprécient le contact rapproché et apaisant qu'ils ont en dormant avec nous. Et si nous ne les écrasons pas, c'est que nous sommes conscients de leur présence, même dans notre sommeil. Bien sûr, ils vont essayer de se faufiler sous la couette, une tentative que la plupart des propriétaires vont déjouer immédiatement. S'il ne peut pas se coucher directement sur son maître, le chat va se mettre en boule derrière ses cuisses.

Faire l'amour en présence de son chat ?

Toujours selon l'étude américaine, 73 % des propriétaires d'animaux de compagnie ont des rapports sexuels en présence de leur animal. Et ce n'est pas parce qu'ils ne font pas attention à ce qu'il se passe, car ils réagissent souvent avec empathie. Mais cela montre le rôle privilégié qu'ils ont dans nos vies, car nous n'autorisons personne d'autre à être présent quand nous faisons l'amour !

Notre comportement envers notre chat est souvent empreint de sensualité. Selon la même étude, 81 % des propriétaires de chats embrassent leur félidé, alors que les propriétaires de chiens ne sont que 65 % à embrasser leur canidé. Nous caressons notre chat alors que nous donnons de petites tapes amicales à notre chien. Le plaisir de caresser un chat est d'autant plus grand qu'il apprécie ce geste. Si nous le caressons longuement sur le dos, il lève son arrière-train et sa queue et abaisse ses membres antérieurs. C'est à la fois un signe de bienvenue et un comportement à connotation sexuelle.

Les hommes et les femmes n'ont pas la même relation au chat. Peut-être est-ce en raison du lien privilégié unissant depuis l'Égypte ancienne la femme et le chat, mais la plupart des femmes se sentent naturellement proches des chats. Elles ont davantage tendance à leur donner à manger en s'accroupissant à leur hauteur et en leur parlant doucement. Les femmes célibataires passent plus de temps avec leur chat que les femmes qui vivent en couple.

Pour en savoir plus… 24 25 26 29 67 78

77 Un chat vaut tous les médicaments !

La compagnie du chat est bénéfique : caressez-le et vous vous sentirez moins stressé(e). Sa présence convient particulièrement aux individus qui exercent une profession stressante, les médecins, par exemple, et aux personnes seules, telles les personnes âgées. Et les contacts que vous entretenez avec votre chat, par exemple en jouant avec lui, sont le meilleur moyen d'oublier vos tracas quotidiens.

UNE VIE DE CHAT... DE COMPAGNIE

Un anti-stress naturel

Depuis quelques années, les recherches montrent que la compagnie d'un animal familier est bonne pour la santé. Elle constitue principalement un remède contre le stress, la dépression et l'anxiété. En France, les chats commencent à pénétrer, à pas feutrés, dans les hôpitaux, les maisons de retraite et les prisons, mais les Français sont en retard sur les pays anglo-saxons, où de nombreux hôpitaux psychiatriques et résidences pour personnes âgées possèdent des chats à demeure dont la compagnie est fort appréciée.

Aujourd'hui, il existe en France une soixantaine d'institutions où les chats et les chiens sont admis et leurs effets thérapeutiques prouvés. Les personnes âgées ou les malades du sida possédant des animaux de compagnie sont moins sujets à la dépression.

Les animaux de compagnie aident les personnes dépendantes ou isolées à vivre mieux, car ils leur rappellent le temps où elles menaient une vie normale. Des études ont montré que les hommes possédant des chats ou des chiens avaient un rythme cardiaque et une pression artérielle inférieurs à ceux qui n'en possédaient pas. Et il a été démontré que les animaux de compagnie amélioraient la guérison des personnes victimes d'un accident cardiovasculaire.

114 Pour en savoir plus... 59 60 67 76 78 79

78 Toujours blotti sur nos genoux

Il y a quelque chose de très flatteur à voir un chat grimper sur nos genoux et s'y installer pour faire la sieste. Et nous avons de quoi être flattés. Quand un chat décide de rester sur nos genoux, c'est une immense faveur qu'il nous accorde, car les chats adultes vivant en liberté évitent généralement tout contact corporel, même avec des congénères du même groupe, à moins de l'autoriser ou d'y être autorisés.

UNE VIE DE CHAT... DE COMPAGNIE

La recherche du confort

Pour encourager un chat à venir s'asseoir sur nos genoux – une situation qui lui rappelle les tétées, la chaleur et le confort du nid – nous nous penchons vers lui et le caressons, ce qu'il associe aux frottements de contact avec ses congénères et aux coups de langue de sa mère. Néanmoins, les chats n'aiment pas être trop cajolés, en particulier par les étrangers, et la personne qu'ils choisissent pour faire leur petit somme n'est généralement pas la plus démonstrative – au contraire, c'est souvent celle qui n'apprécie pas les minous !

Tous les chats n'aiment pas s'asseoir sur les genoux des humains. Le Persan de type actuel, par exemple, trouve cette position un peu trop calorifuge à son goût et préfère être câliné sur un bras de fauteuil ou par terre. Les chats nerveux peuvent se sentir un peu à l'étroit sur les genoux et, au lieu de s'y mettre en boule confortablement, restent perchés dessus, les griffes de leurs pattes antérieures sorties comme des crampons miniatures.

Pour en savoir plus...   34   57   59   66   67   77

79 Voulez-vous jouer avec moi ?

Même après avoir quitté la petite enfance, de nombreux chats adultes conservent leur intérêt pour le jeu. C'est bon pour leur santé, surtout s'ils vivent essentiellement en appartement, car cela contribue à les garder en forme et à entretenir leur instinct de prédateur. Si vous voyez que votre chat veut jouer avec vous, ne vous en privez pas : c'est l'une des plus belles joies offertes par la présence d'un animal de compagnie.

UNE VIE DE CHAT... DE COMPAGNIE

Ses jeux favoris

Le chat adore les jeux où il doit saisir quelque chose entre ses pattes. Les escaliers constituent alors son terrain de jeu favori. Quand votre animal est sur les marches, faites bouger un crayon ou un objet similaire entre les barreaux en le faisant successivement apparaître et disparaître. Une fois que vous avez capté son attention, il va exécuter un certain nombre de gestes utilisés normalement pour capturer, relâcher et capturer de nouveau des proies. Même si son mouvement favori va être d'avancer brusquement sa patte et de saisir le crayon, il peut aussi anticiper, choisir l'ouverture à travers laquelle il va passer sa patte et changer d'ouverture. Mais n'oubliez pas que c'est un prédateur ! Il va donc sortir ses griffes pour saisir l'objet, alors gare à vous ! Il va aussi tenter d'attraper le crayon et de le porter à sa bouche pour le mordiller.

La plupart des chats aiment également les jeux de poursuite, suivre des yeux une ficelle avec ou sans jouet au bout, bondir dessus et courir après, ou encore jouer avec une canne à pêche manipulée par vos soins. Il s'agit d'une tige flexible munie d'un fil où est suspendue une « proie » au bout. Ce jeu plaît beaucoup aux chatons âgés de trois mois ou aux Siamois actuels, d'une énergie débordante.

Les chats plus intrépides vont prendre l'initiative de jouer à capturer des proies invisibles en fixant leur attention uniquement sur quelque chose qui bouge, mais qui est caché. Essayez, par exemple, de bouger vos orteils sous la couette pour inciter votre chat à bondir dessus. Il peut aussi vouloir se déplacer sous votre couvre-lit, comme dans un tunnel, ou derrière un rideau pour poursuivre et capturer un crayon que vous faites bouger de l'autre côté.

Les chats de compagnie adultes savent souvent jouer seuls. Il se mettent soudain à courir derrière leur queue et à la lécher ensuite parce qu'ils l'ont mordue, à entreprendre une course effrénée à travers la maison ou à donner des coups de pattes dans une boulette de papier. Un comportement infantile, somme toute.

Les arbres à chat… un bonheur pour le maître

L'arrivée des arbres à chat dans le commerce a été accueillie comme un véritable progrès par les propriétaires de petits félins. Ils permettent aux chats de faire leurs griffes et d'escalader et leur offrent un poste d'observation privilégié.

Bien sûr, ils doivent être installés à un endroit stratégique et vous devez les utiliser régulièrement pour jouer avec votre animal, sinon ils ne serviront qu'à prendre la poussière ! Les arbres à chat constituent un véritable « forum » de jeu et de communication entre le chat et son maître.

Pour en savoir plus... 40 42 45 67

80 Les bonnes manières

Il est relativement facile d'éduquer un chien, mais un chat, c'est une autre affaire... qui ne nécessite pas les mêmes techniques. Pourquoi? Parce que le chat ne s'intègre pas dans une structure sociale hiérarchique comme le chien. Par conséquent, les méthodes de domination se révèlent inadaptées et inefficaces.

Recevoir des ordres : très peu pour lui !

Lorsque le chat chasse, c'est en solitaire. La coopération obtenue par la menace ou l'agression n'existe donc pas dans l'univers félin, ce qui explique pourquoi les ordres n'ont pas vraiment de prise sur cet animal. Quand des chats se rassemblent pour former une colonie, leurs relations sont plus amicales qu'agressives. Même s'il est possible d'établir une hiérarchie relative au sein d'un groupe de chats, elle sera moins forte que chez les chiens. Une fois que vous avez appris à un chien à exécuter un ordre, il l'exécutera ensuite systématiquement. Mais si vous ordonnez à votre chat de descendre de la table, il le fera peut-être tant que vous serez là, mais remontera dessus dès que vous aurez le dos tourné !

Les mesures dissuasives

Les mesures de dissuasion passives sont plus efficaces pour modifier le comportement d'un chat que les mesures actives. Vous pouvez recourir à ces dernières si cela s'avère nécessaire, mais il est essentiel que votre chat ne s'aperçoive pas qu'elles viennent de vous si vous voulez éviter d'altérer vos liens mutuels.

L'une des mesures de dissuasion actives les plus simples consiste à lancer une boulette de papier sur votre chat à chaque fois qu'il fait une bêtise, mais sans qu'il sache que c'est vous qui l'avez lancée. Seul inconvénient : votre chat peut la prendre pour un jouet et courir après ! Autre solution : le pistolet à eau. Mais il est préférable de ne pas abuser de cette méthode.

Les éthologues utilisent une tapette à souris retournée. Cette technique peut, par exemple, dissuader un chat de gratter constamment la terre d'une grande plante en pot pour y faire ses besoins. Le piège est placé à l'envers dans le pot et masqué par un morceau de papier et un peu de terre. Lorsque le chat se met à gratter, le piège émet un bruit. Personnellement, je ne suis pas vraiment favorable à cette technique, car les os des pattes du chat sont petits et fragiles.

Les moyens de dissuasion passifs sont plus faciles à utiliser et ne risquent pas de mettre en péril la relation privilégiée que vous entretenez avec votre minou. Par exemple, la souricière renversée peut être remplacée par quelques boules de naphtaline contenues dans un sac percé recouvert de terre. Les chats détestent cette odeur !

Pour en savoir plus... 87 91

UNE VIE DE CHAT... DE COMPAGNIE

GRANDS ET PETITS MAUX

Les croisements naturels

Les chats de gouttière sont des animaux solides dont les ancêtres remontent à la nuit des temps, ou presque. Les accouplements au hasard leur ont permis de se reproduire de façon optimale au fil des générations. La survie de l'espèce provient d'une sélection naturelle qui a toujours favorisé des caractères vitaux. Les croisements naturels, qui sont un gage de bonne santé, engendrent des animaux à l'anatomie et à la physiologie parfaitement adaptées à leur mode de vie.

Vivent les chats de gouttière !

Les médias organisent une conspiration involontaire contre les chats de gouttière en s'attachant, entre autres, à proposer des photographies variées. Mais les chats de gouttière sont beaucoup plus répandus dans les foyers que les chats de race – 90 % des chats de compagnie sont des chats domestiques communs. Et ce ne sont pas seulement les directeurs de la photographie qui aiment la diversité. Les événements prestigieux destinés à promouvoir les chats, à savoir les grandes expositions félines, mettent en vedette principalement les chats de race, sous-entendu de race pure, fruits d'un élevage sélectif. Certes, les chats à pedigree peuvent faire – et font généralement – de très bons animaux de compagnie, mais les chats de gouttière aussi, comme en témoigne un sondage réalisé en France en 2001 selon lequel le chat de gouttière est incontestablement le chat favori des Français.

Les chats de gouttière vivent en moyenne beaucoup plus longtemps et en meilleure santé que les chats de race, car ils sont plus robustes sur le plan génétique. Depuis quelques années, les chats à pedigree semblent vivre plus vieux qu'auparavant, mais dans le cadre d'une surveillance vétérinaire régulière. De plus, la majorité des chats qui vivent sur notre planète sont de gouttière et les chats de race ne constituent qu'une infime minorité de la population féline. Les régions isolées au niveau géographique abritent des chats harets et des chats de compagnie qui peuvent se vanter d'avoir une longue histoire et de s'être développés naturellement loin de l'univers de la félinotechnie. Dans certains pays, la population locale des chats de gouttière est constituée d'individus indigènes qui ont été le point de départ d'un élevage sélectif – l'Angora turc en Anatolie, le Siamois et le Korat en Thaïlande et le Bobtail japonais au Japon. Il a fallu que les Américains occupent le Japon après la Seconde Guerre mondiale pour qu'ils fassent remarquer aux Japonais que leur chat – baptisé ultérieurement Bobtail japonais – était unique. De même, les Britanniques considèrent le British Shorthair qui va et vient dans les rues comme un simple chat de gouttière.

Préservons sa santé physique et mentale

L'élevage sélectif des chats destinés aux expositions félines restreint inévitablement la diversité du patrimoine génétique des individus. La conformité aux standards de races a conduit à des extrêmes – un Persan à la face de plus en plus écrasée est prédisposé aux difficultés respiratoires et le Sphynx résulte d'une mutation préjudiciable que les éleveurs ont voulu fixer. Il est contraire à l'éthique de sacrifier la santé des animaux et de leur descendance à l'attrait de la nouveauté.

Heureusement, les mentalités tendent à changer : le *Governing Council of the Cat Fancy* (GCCF) a déclaré qu'il n'avait pas l'intention de reconnaître le Munchkin ou tout autre race nouvelle fondée sur une anomalie de la nature. La Convention européenne pour la protection des animaux de compagnie, conclue en 1987, vise à responsabiliser les éleveurs qui sélectionnent des particularités anatomiques, physiologiques et comportementales susceptibles de compromettre la santé et le bien-être des animaux.

Il est étonnant de voir que les chats et les hommes peuvent vivre ensemble si facilement alors qu'ils n'appartiennent pas à la même espèce. D'autant que même entre deux êtres humains ce n'est pas toujours l'accord parfait ! Cependant, on constate depuis les années 1980 une augmentation considérable des comportements antisociaux chez le chat. Cette détérioration des relations homme/chat s'explique par trois facteurs.

Le premier est l'avènement des spécialistes du comportement félin qui, non seulement conseillent les propriétaires sur les problèmes qu'ils rencontrent avec leur chat, mais enregistrent les « cas » de façon très rigoureuse.

Le second est l'accroissement spectaculaire des foyers à plusieurs chats en Europe, en Grande-Bretagne et en Amérique du Nord.

Enfin, par la tendance à priver les chats de leur liberté en les confinant dans une maison ou un appartement, originaire des États-Unis, qui s'est répandue dans les autres pays occidentaux.

81 Les puces : des hôtes indésirables

Voir votre chat se gratter régulièrement vous a peut-être mis la puce à l'oreille... pour vérifier votre intuition, peignez votre compagnon sur un linge ou un papier blanc. Si vous découvrez de minuscules grains noirs, sachez que ce sont des excréments de puces.

À l'assaut des puces !

Les puces ont besoin d'un hôte pour se reproduire et si, pour une raison quelconque, votre chat est absent de la maison pendant plusieurs semaines, elles vont vous piquer, vous, pour se nourrir ! Les puces pondent leurs œufs aussi facilement dans les tapis, les literies ou les fentes du parquet que sur votre chat. Les étés chauds et le chauffage central aggravent leur prolifération.

Passer régulièrement l'aspirateur et traiter l'environnement avec un produit insecticide adapté permettront de résoudre le problème assez rapidement. Quant au moyen le plus efficace de tuer les puces qui vivent sur le chat et de prévenir une nouvelle infestation, il consiste à traiter l'animal avec un insecticide liquide qui passe dans la circulation générale et tue les puces au moment où elles mordent l'animal pour se nourrir de son sang. Vous trouverez ce type de produit chez votre vétérinaire. Il suffit de déposer le liquide contenu dans une pipette sur la peau du cou du chat. Ce traitement est généralement efficace pendant un mois. Il existe aussi des traitements par voie orale et des colliers antipuces. Les colliers ne doivent pas être utilisés chez les chatons. De plus, certains chats y sont allergiques, d'où la nécessité d'examiner le cou de l'animal quelques jours après la pose du collier. Il existe également des médaillons électroniques, à fixer au collier de l'animal, qui repoussent les puces en émettant des ultrasons. Vous pouvez utiliser aussi des insecticides en spray ou en poudre, mais le bruit du spray fait souvent peur au chat.

Les chats peuvent être infestés par des parasites internes comme les ténias en mangeant des proies, mais le plus courant des ténias, *Dipylidium caninum*, s'attrape en mangeant une puce infestée lors du léchage.

En effet, l'hôte direct du ténia est généralement un petit rongeur, mais les œufs de ténia peuvent être mangés par des larves de puces, elles-mêmes ingérées par le chat.

Enfin, certains chats sont allergiques à la salive des puces et, en léchant constamment la zone atteinte, ils ne font qu'aggraver leur état. Des soins vétérinaires peuvent alors s'avérer nécessaires.

82 Tiques et autres parasites externes

Les chats sont des animaux extrêmement propres, rarement sujets à des infestations par des parasites externes, hormis les puces (cf. page 122). Néanmoins, il leur arrive parfois d'attraper d'autres parasites externes qui nécessitent un traitement adapté.

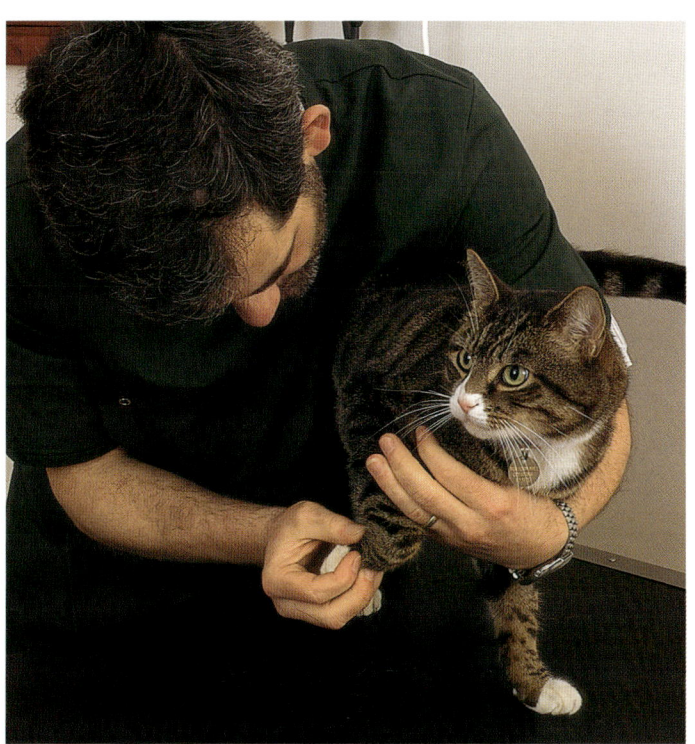

Les tiques

Près de 80 % des tiques présentes sur le chat sont localisées autour des oreilles. Les vétérinaires recommandent d'appliquer de l'alcool ou un insecticide sur la tique pour la tuer avant de la retirer proprement à l'aide d'une pince à épiler. Veillez à l'ôter bien verticalement afin que ses pièces buccales ne restent pas enfoncées dans la peau du chat où elles risqueraient de former un abcès.

La gale des oreilles

La gale des oreilles, due à des acariens, touche le conduit auditif externe et se transmet d'un chat à l'autre et du chat au chien. Les chatons sont particulièrement vulnérables et un bouchon de cérumen très brun causé par une prolifération localisée d'acariens peut se former dans le conduit. Le traitement est indispensable – des gouttes auriculaires sont généralement prescrites – pour éviter une infection secondaire plus grave. Malheureusement, un traitement régulier tombe mal au moment où le jeune chat doit développer des rapports de confiance avec son nouveau maître.

Les aoûtats

Les minuscules points rouges qui bougent sur les membres, les pattes, la tête et les oreilles du chat à l'automne sont des aoûtats, des larves d'acariens appelés trombidions, qui entraînent de vives démangeaisons et des irritations cutanées. Les antipuces sont généralement efficaces.

Les Cheyletiella

La présence de ces acariens se détecte habituellement aux pellicules qu'ils forment sur le dos du chat. Heureusement, la cheyletiellose, l'affection causée par des *Cheyletiella blackei*, n'est pas fréquente et se traite facilement avec un antipuces.

Les poux

Les poux sont rares chez les chats en bonne santé mais peuvent apparaître chez les chats maladifs. Les œufs (lentes) se collent au poil, mais les antipuces en viennent rapidement à bout.

Examinez fréquemment votre chat si vous voulez lui éviter tous ces parasites externes. Si vous identifiez quelque chose qui ne vous paraît pas normal, n'hésitez pas à en parler à votre vétérinaire.

GRANDS ET PETITS MAUX

Pour en savoir plus... 81 83 85 99

83 Les parasites internes

Un chat qui chasse activement attrape naturellement des parasites internes par l'intermédiaire des proies – petits rongeurs ou oiseaux – qu'il dévore. Heureusement, ces parasites sont relativement faciles à éliminer, le moyen le plus efficace consistant à vermifuger régulièrement son chat. Le vétérinaire vous conseillera sur les différents produits disponibles.

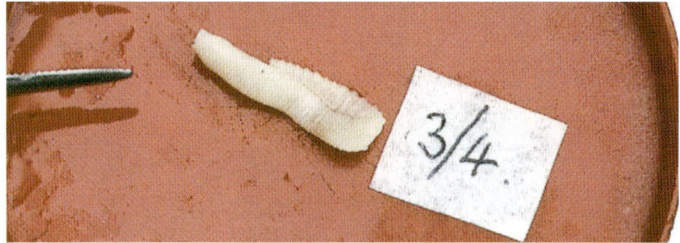

Ténias et ascarides

Le ténia est un ver plat au corps formé d'un grand nombre d'anneaux. En toilettant votre chat, vous pouvez trouver des segments séchés ressemblant à des grains de riz dans son pelage, signe que le ténia est présent dans ses intestins. Vous pouvez aussi repérer de petits segments mobiles plats et blancs dans le poil situé près de son anus : ce sont des morceaux du ténia vivant !

Un chat qui chasse peut aussi attraper des ascarides, des vers ronds. Les chatons sont susceptibles d'être infectés à la naissance. Vous avez l'occasion d'identifier ces vers quand votre chat vomit une boule de poils. Les traitements contre les ténias et les ascarides sont disponibles chez votre vétérinaire, souvent sous forme de comprimés ou de pâte à administrer avec la nourriture ou en dehors des repas.

La toxoplasmose

Le parasite responsable de la toxoplasmose est le *Toxoplasma gondii*, un organisme unicellulaire dont il faut comprendre le cycle de vie en raison du risque de transmission au fœtus chez la femme enceinte.

Le chat se contamine en consommant les proies qu'il chasse. Un chat infecté va émettre des selles contenant des œufs de *Toxoplasma gondii*. Ces œufs peuvent être transmis à un congénère et l'infecter ou à n'importe quel oiseau ou mammifère – dont l'homme. Chez ce dernier, le moyen de transmission le plus fréquent est l'ingestion ou la manipulation de viande crue ou insuffisamment cuite, le jardinage ou le nettoyage du bac à litière. Il faut donc se laver soigneusement les mains.

Chez la plupart des individus, la toxoplasmose n'est pas une maladie grave. En revanche, elle peut l'être chez les personnes immunodéficitaires et les femmes enceintes. Le fœtus, dont le système immunitaire n'est pas encore fonctionnel, risque d'être contaminé. L'enfant peut alors mourir à la naissance, souffrir de retard mental ou développer une cécité.

Le chat se montrant particulièrement propre, le risque d'attraper la toxoplasmose en le manipulant est faible, mais les femmes enceintes doivent éviter d'être en contact avec une litière souillée. Si vous êtes enceinte, mettez des gants ou chargez une autre personne de changer la litière de votre chat à votre place. Sachez que le risque est très limité si la litière est changée tous les jours. En réalité, la plupart des individus sont davantage infectés par de la viande qui n'a pas été suffisamment cuite, que par un contact direct avec des excréments présents dans la terre ou la litière d'un chat, à moins de vivre dans des pays chauds.

84 La liberté n'a pas de prix…

… le confinement et le stress qui l'accompagne en ont un. Ils sont une source majeure de problèmes comportementaux chez les chats. Même s'ils sont autorisés à sortir, le domaine vital de nos félins se réduit sans cesse. Dans les zones urbaines à forte densité de population, une femelle ne dispose que de 0,02 hectare. Pire : les chats d'intérieur qui ne sortent jamais n'ont qu'un dixième de cette superficie à leur disposition.

Le prix de la sécurité : un stress constant

Avoir plusieurs chats chez soi dans un espace si réduit aggrave le problème, de même que l'arrivée d'un enfant ou d'un conjoint, puisque le chat nous considère comme l'un des siens. Le propriétaire qui empêche son chat de sortir pour le protéger du monde extérieur, des dangers de la circulation routière et des maladies, ou parce qu'il craint de ne pas le voir revenir, a troqué ces risques pour le stress lié à la captivité et tous les problèmes qui vont avec.

Le confinement limite les stimuli extérieurs, les occasions de chasser et les possibilités de fuite. Une femelle stressée peut réagir en abandonnant ses chatons, en leur prodiguant des soins excessifs ou en fabriquant moins de lait.

Le stress provoque des changements physiologiques : le système nerveux sympathique réagit par une élévation du rythme cardiaque, une activation de la circulation sanguine et une décharge d'adrénaline, qui amène à une attaque ou une fuite. Chez le chat qui ne sort jamais, ces stress peuvent conduire à des troubles de l'élimination (malpropreté), de l'agressivité, à un léchage excessif et à des troubles alimentaires.

L'agressivité entre chats confinés peut virer à la catastrophe

Chez des mammifères territoriaux comme les chats, les comportements agressifs peuvent servir à affirmer dès le départ un droit de propriété. Généralement, le conflit est réglé lorsque l'un des chats bat en retraite, tandis que l'autre gagne le droit d'occuper le territoire.

Les chats détenus en captivité n'ont pas choisi leurs limites territoriales, c'est nous qui les leur avons fixées. Et les conflits ne peuvent pas être résolus par le départ du vaincu, puisque ce dernier n'a pas d'autre endroit où aller et va devoir supporter un contact rapproché avec le congénère dominant.

Le stress lié à la captivité peut avoir des effets destructeurs. Il est à l'origine de diverses pathologies comme la stérilité ou les maladies cardiaques. En cas de stress prolongé, le système immunitaire du chat déprimé se traduit par une plus grande vulnérabilité aux infections.

Quelles solutions ?

Les risques liés à l'environnement extérieur doivent être évalués avant de choisir de priver son chat de liberté.

Laissez-le sortir de temps en temps et, au départ, accompagnez-le en le tenant en laisse. Il doit se familiariser avec son domaine vital pour pouvoir retrouver son chemin.

Si vous êtes obligé(e) de le tenir enfermé, offrez-lui la possibilité de grimper, cela réduira beaucoup son stress. Mettez à sa disposition un arbre à chat et aménagez-lui un coin bien à lui dans la maison ou l'appartement. Envisagez de lui offrir une extension de son territoire intérieur à l'extérieur – une sorte de jardin d'hiver suffisamment sécurisé auquel il accéderait par une chatière.

Enfin, donnez-lui accès à votre chambre : votre odeur le rassurera en votre absence et, si vous l'autorisez à dormir sur votre lit, votre contact sera son meilleur antistress.

GRANDS ET PETITS MAUX

Pour en savoir plus… 68 73 78 85 93

85 S'il se nettoie toutes les 5 minutes…

Le léchage excessif peut être dû à de nombreux facteurs, les plus courants étant le stress et les puces. Le stress lié à la captivité, en particulier, peut inciter le chat à faire tout le temps sa toilette. Tous les chats peuvent manifester un léchage excessif, mais les Siamois, les Burmese et, dans une moindre mesure, les Abyssins sont les plus sujets à ce trouble du comportement. En revanche, il est rare que le chat ne se lèche pas assez.

GRANDS ET PETITS MAUX

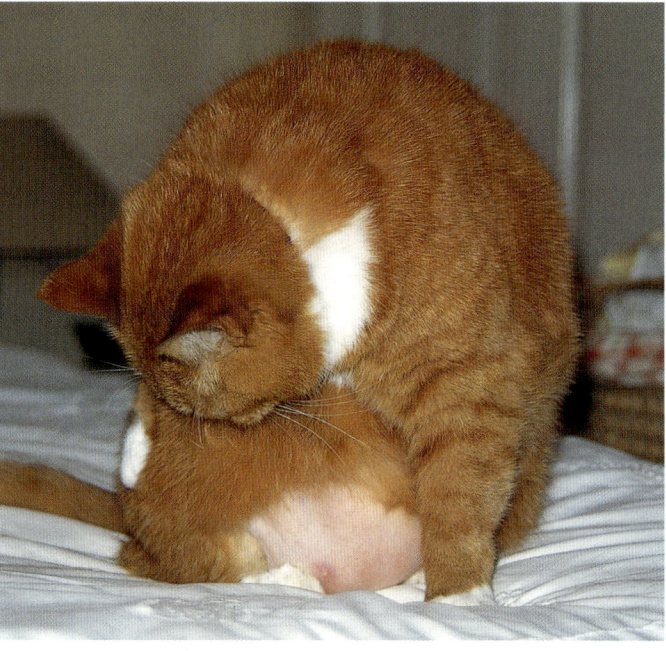

Puces ou stress du confinement ?

Les signes d'une toilette excessive sont visibles sur le bas du dos, sur l'abdomen et à l'intérieur des cuisses. Une perte de poils derrière les oreilles ou sur une partie du dos causée par un grattage vigoureux et répété à l'aide des pattes postérieures est en général une réaction à des parasites externes.

Si votre chat est soudain pris d'un léchage frénétique, c'est peut-être qu'il a des puces. Vous le saurez tout de suite en le peignant sur un papier blanc : de minuscules points noirs indiquent la présence de ces parasites. Les piqûres de puces provoquent une irritation cutanée qui pousse le chat à se lécher encore davantage, au point de provoquer une tonsure quasi totale sur les zones à vif. Observez le comportement de votre animal : si l'infestation par les puces est localisée dans un endroit de la maison qu'il fréquente habituellement, il va beaucoup moins le fréquenter. Il va même essayer, surtout par temps chaud, de l'éviter en se réfugiant sur un meuble.

Quelles solutions ?

Si la toilette excessive est causée par des puces, la première chose à faire est de se débarrasser de ces hôtes indésirables en traitant à la fois l'animal avec un produit adapté (cf. page 122) et l'environnement intérieur. En effet, les puces déposent leurs œufs et leurs larves dans la maison, en particulier dans les tapis, ce qui constitue une véritable bombe à retardement !

Si le léchage anormal est dû à l'ennui lié au confinement, donnez à votre chat la possibilité d'occuper une partie de ses journées avec un arbre à chat, un véritable centre de loisirs félin (cf. page 116) !

Si le chat est stressé par une densité de population qu'il juge trop forte, il s'agit de bien cerner son problème avant d'essayer de le résoudre.

Une toilette exagérée peut aussi se manifester chez un chat dépendant que son maître doit laisser seul plus longtemps que d'habitude. Dans ce cas, si le propriétaire ne peut pas être davantage présent, il peut laisser traîner dans la maison un vêtement qu'il a porté récemment. Le chat aura l'impression que son maître est près de lui, ce qui le rassurera.

Pour en savoir plus…   28   48   49   59   67   79   84

Un carnivore qui aime la verdure ?

Les chats sont des carnivores. Par conséquent, ils ne possèdent pas une dentition adaptée à la mastication des végétaux. Il vous suffit de regarder votre animal dans le jardin en train de mordiller une herbe avec difficulté à l'aide de ses dents latérales, puis l'avaler toute crue, pour avoir la certitude qu'il n'est pas un herbivore ! Ce qui ne l'empêche pas de manger des végétaux, principalement des herbes et des feuilles.

Des végétaux, oui, mais pas n'importe lesquels !

Les végétaux apportent des fibres qui facilitent la digestion. Les boules de poils que le chat régurgite sont souvent mêlées à des herbes qui améliorent leur évacuation. Si vous avez des chats qui ne sortent jamais, mettez à leur disposition un pot d'herbe à chat afin d'éviter qu'ils abîment vos plantes vertes. Bien sûr, ne leur donnez pas accès à des plantes toxiques. En effet, un certain nombre de plantes d'appartement risquent de les empoisonner dont la poinsettia, le philodendron, le lierre, le dieffenbachia, l'azalée, le laurier-cerise, ainsi que le gui et le houx, utilisés dans les décorations de Noël. Les fleurs coupées telles que les pois de senteur, les delphiniums et les lupins sont également dangereuses. Certes, les plantes d'intérieur et les fleurs coupées ne présentent pas des risques aussi graves pour la santé du chat que l'antigel, par exemple, un véritable poison chimique, mais chez certains chats, en particulier ceux qui ne sortent jamais, elles constituent un danger bien réel.

Quelles solutions ?

Si vous prenez votre chat en flagrant délit de mordillement de vos plantes d'intérieur ou de vos fleurs coupées, dissuadez-le de recommencer en utilisant un pistolet à eau ou une balle légère. Mais ces mesures de dissuasion actives ne sont pas toujours efficaces.

Rendez vos végétaux moins accessibles, mais méfiez-vous : les chats adorent grimper sur les étagères. Poser la plante ou le vase sur une feuille d'aluminium n'est certes pas esthétique, mais se révèle assez efficace.

Certains minous déterrent systématiquement les grandes plantes en pot pour faire leurs besoins dans la terre. Là encore, préférez les mesures de dissuasion passives. Mettez des boules de naphtaline dans une mousseline et déposez-les à la surface de la terre : les chats détestent leur odeur. Cela les empêchera également de mordiller les feuilles.

GRANDS ET PETITS MAUX

Pour en savoir plus...   80   84   90

87 Il « fait » n'importe où

Au moins 10 % des chats de compagnie présentent un jour ou l'autre un épisode de malpropreté en urinant ou en déféquant dans des lieux inadéquats. C'est le premier motif de consultation pour troubles du comportement. Il ne faut pas confondre les mictions liées à la malpropreté, qui constituent un trouble du comportement, avec les jets d'urine utilisés dans le marquage du territoire (cf. page 130).

Pourquoi la malpropreté ?

La principale cause de malpropreté chez le chat est la présence d'une litière sale. Les chats recouvrent normalement leurs déjections, un geste lié à la confiance territoriale, mais s'ils ne le font pas, c'est que leur bac à litière n'est pas assez propre à leur goût. Il est également à noter que les mâles qui sortent librement à l'extérieur n'aiment pas beaucoup faire leurs besoins à l'intérieur.

Les chats autorisés à aller se promener dehors sont beaucoup moins sujets à la malpropreté, car ils urinent et défèquent le plus souvent à la limite de leur territoire. Cependant, une perte de confiance territoriale ou des intempéries peuvent les empêcher d'éliminer à l'extérieur. Le gel et la neige ne sont pas très propices, même si certains chats utilisent la neige comme de la terre.

La malpropreté peut aussi être liée au stress du confinement (cf. page 125). Dans ce cas, essayez de réduire l'anxiété de votre animal. Même un chat qui sort librement peut redouter le monde extérieur, en particulier s'il est craintif et s'il y a beaucoup de congénères dans le voisinage. Dans les foyers où vivent plusieurs chats ou des familles nombreuses, l'animal peut perdre la confiance liée à la possession du territoire et se mettre à souiller son environnement intérieur.

Des problèmes de santé comme la cystite peuvent aussi engendrer un comportement malpropre. N'hésitez pas à consulter votre vétérinaire.

Quelles solutions ?

Disposez le bac à litière de votre chat dans un endroit où il se sent en sécurité. Les bacs couverts peuvent être plus sécurisants et évitez de le placer près de l'écuelle.

En confinant votre chat, il n'a plus le choix de l'endroit où il veut éliminer. Peut-être aimerait-il avoir plusieurs bacs ?

Essayez plusieurs litières, celles qui absorbent l'urine et forment des masses compactes sont préférables.

Nettoyez bien l'endroit souillé pour ne pas encourager votre chat à recommencer. Il existe des produits spécialement destinés à cet usage. Évitez ceux qui pourraient être toxiques pour votre compagnon, en particulier ceux qui contiennent du goudron de houille. Après avoir supprimé l'odeur, changez l'aspect de cet endroit en y déposant une feuille d'aluminium – les chats n'aiment pas marcher dessus – ou en y installant un meuble.

Même si vous êtes en colère, ne recourez jamais à un geste agressif. Vous ne feriez qu'accroître l'anxiété de votre chat, ce qui augmenterait le risque de récidive. Essayez plutôt de chercher la cause du problème.

88 Mon chat n'enterre pas ses crottes !

Lorsqu'un conflit territorial éclate entre des mâles, que ces derniers soient entiers ou castrés, ils vont laisser leurs excréments bien en vue et refuser de les enterrer. Des chats harets vivant en milieu rural qui enterrent leurs déjections autour d'une ferme peuvent les laisser à découvert ailleurs. Quant aux chats de compagnie, ils préfèrent enfouir leurs fèces à la limite de leur domaine vital, ce qui signifie souvent… dans le jardin du voisin !

Un manque de confiance

Votre chat ne recouvre pas ses déjections ? Vous jugez peut-être que ce n'est pas bien grave, mais sachez que cela peut l'être pour lui. Les chats sont des êtres très sensibles qui ont besoin de se sentir en confiance, même pour aller au petit coin ! Ils deviennent anxieux si des congénères sont à proximité de l'endroit où ils défèquent, car vulnérables aux comportements d'intimidation. Par conséquent, ne vous étonnez pas si, lorsque vous rentrez chez vous ou sortez dans le jardin, en particulier l'hiver, votre chat vous accompagne : votre présence le rassure.

Un manque de « petits coins »

Les chats préfèrent d'ordinaire laisser leurs déjections aux limites de leur territoire, mais leur choix est restreint par le manque de sites adaptés. Le gazon et le béton ne sont pas très attractifs. Quant aux jardins remplis de mauvaises herbes ou à la terre détrempée, ils offrent peu de possibilités. En été, les femelles ont du mal à creuser la terre, durcie par la chaleur. Vous pouvez aider votre chat en lui réservant un coin plus adéquat. Cela le découragera d'utiliser le potager de votre voisin ! Si vous trouvez que votre jardin ressemble à des toilettes publiques, le meilleur remède consiste à posséder un chat bien à vous, avec son territoire !

Comment le chat fait-il ?

Pour creuser le sol, il prend appui sur ses membres postérieurs et utilise ses membres antérieurs en alternance pour creuser et évacuer la terre vers lui. Sachez que vingt-deux coups de pattes lui sont nécessaires pour faire un trou dans le jardin. Au moment de déféquer, il adopte une position caractéristique, la queue levée jusqu'à 50° de l'horizontale. Après s'être soulagé, il renifle ses déjections et les recouvre. Il peut les renifler et les recouvrir plusieurs fois s'il juge qu'elles ne sont pas indétectables.

GRANDS ET PETITS MAUX

Pour en savoir plus… 17 87

89 Pipis indésirables dans la maison

Les jets d'urine intempestifs dans des lieux inappropriés constituent l'une des premières préoccupations des propriétaires de chats, même de ceux qui laissent leur animal se promener dehors. Ils représentent, en effet, 45 % des plaintes concernant la malpropreté. À moins que votre chat soit un mâle entier, sachez cependant que les dépôts d'urine qui souillent votre intérieur ne sont peut-être pas de lui, mais d'un intrus du voisinage.

GRANDS ET PETITS MAUX

Pourquoi des jets d'urine ?

Les mâles entiers utilisent les jets d'urine pour marquer leur territoire. Normalement, la castration réduit la fréquence et l'âcreté de leur odeur. Les mâles castrés stressés par l'arrivée de nouveaux matous dans leur domaine peuvent émettre des jets d'urine, mais à l'odeur beaucoup moins forte. Même les femelles déposent de l'urine à la manière des mâles quand elles sont en chaleur. Chez les mâles entiers, l'odeur de leur propre urine les rassure sur leur « droit de propriété » et, là où ils décèlent d'autres marquages odorants étrangers, ils les remplacent par leur propre marquage. De nombreux reproducteurs ne s'accouplent pas si le lieu fermé où ils se reproduisent n'est pas suffisamment marqué de jets d'urine personnels.

Quelles solutions ?

La castration élimine les jets d'urine chez neuf mâles sur dix. Chez le récalcitrant, un traitement à la progestérone est habituellement efficace. Il faut savoir que la précocité de la castration ne modifie pas ces statistiques.

Essayez de dissuader votre matou à l'aide d'un pistolet à eau, à condition de ne pas vous montrer, bien sûr. Vous énerver et le réprimander ne serviront à rien.

Essayez de savoir où et pourquoi votre chat dépose de l'urine. Certaines surfaces sont particulièrement incitatives, comme les voitures, la taille, la forme et la hauteur de la plupart des enjoliveurs encouragent les dépôts d'urine. Si vous cherchez bien, vous découvrirez que les endroits préférés de votre chat à l'intérieur de votre maison sont peu nombreux. Changez alors quelques objets ou meubles de place pour rendre ces sites moins accessibles.

Dans les foyers à plusieurs chats où les jets d'urine constituent un problème majeur, il n'est pas toujours facile d'identifier le coupable. Mais il est possible de connaître l'auteur du méfait en demandant au vétérinaire d'injecter un produit de contraste fluorescent chez le principal suspect. Vingt-quatre heures plus tard, ses dépôts d'urine seront vert vif à la lumière ultraviolette.

Si vous avez la certitude que ce ne sont pas vos animaux qui sont responsables de ces souillures, envisagez l'achat d'une chatière électromagnétique : seuls vos chats munis d'un collier spécial auront accès à l'intérieur de la maison.

Pour en savoir plus... 17 18 19 29 30 31

90 Gare aux griffures sur les meubles !

Le chat de compagnie est l'ennemi numéro un du mobilier ! Même un chat autorisé à sortir fait parfois ses griffes sur les meubles. Il est difficile d'empêcher ce comportement essentiellement lié au marquage du territoire. Le seul moyen de limiter les dégâts est de donner à l'animal quelque chose de bien à lui pour faire ses griffes.

Quels beaux arbres, ces meubles !

À l'extérieur, la surface la plus fréquemment utilisée par le chat pour faire ses griffes est l'écorce de son arbre favori, et à l'intérieur, le devant d'un bras de fauteuil !

L'animal a tendance à griffer toujours le même endroit puisqu'il veut laisser une marque territoriale visuelle. Si vous l'avez autorisé à faire ses griffes régulièrement à tel ou tel endroit, il est totalement inutile de vous mettre à lui crier dessus. Vous auriez dû le lui interdire dès le départ.

Si votre animal a jeté son dévolu sur un meuble en bois, vous pouvez recourir à des mesures de dissuasion passives en appliquant du vinaigre (vérifiez au préalable qu'il ne va pas abîmer le bois) ou de l'encaustique sur la surface – son odeur déplaît au chat. Vous pouvez aussi placer la moitié d'une orange sur le meuble et recouvrir les bras de vos fauteuils ou canapés d'un matériau répulsif ou d'une feuille d'aluminium.

Ensuite, vous devez réorienter l'attention de votre chat vers un endroit plus adapté. Une natte de jonc déposée au sol sera immédiatement utilisée par certains chats, délaissée par d'autres. Il existe dans le commerce des poteaux à griffer spécialement conçus pour les chats. Il s'agit d'un poteau en bois recouvert de sisal ou de moquette à poil ras. Mais vous pouvez facilement en fabriquer un vous-même. Si vous possédez un chaton, encouragez-le à utiliser un poteau à griffer dès son plus jeune âge.

Si vous le surprenez en train de griffer un meuble, placez le poteau devant et transférez doucement votre chaton dessus. Certains propriétaires utilisent le pistolet à eau dès qu'ils prennent leur chat en flagrant délit – une mesure efficace à condition que le chat ne sache pas d'où vient le jet.

Quant à l'ablation chirurgicale des griffes, il s'agit d'une mutilation barbare, désormais interdite en France.

Pour en savoir plus...   17   18   80   84   87   91

91 Un grimpeur invétéré

Les chats ont un désir insatiable et parfaitement compréhensible de grimper pour être en hauteur. Après tout, ce sont des mammifères parfaitement à l'aise dans les arbres, qui se sentent en sécurité dans un endroit élevé, tranquille, et leur offrant un poste d'observation idéal. C'est pourquoi les chats de compagnie préfèrent grimper sur les meubles plutôt que marcher sur le sol.

GRANDS ET PETITS MAUX

La cuisine : un lieu à haut risque

La cuisine, en particulier, est un lieu dangereux pour le chat, ce grimpeur invétéré. Vous devez lui interdire de monter sur les plaques chauffantes de la cuisinière et sur les plans de travail. Mais si vous lui préparez et lui servez son repas sur la table de la cuisine, ne vous étonnez pas qu'il cherche à y grimper, même en dehors des repas. Quand le maître voit son chat monter sur la table, il lui crie : « Non, pas là ! », ce qui est d'une efficacité limitée et risque uniquement d'affaiblir la relation avec son animal. De plus, même si votre chat peut comprendre que vous ne vouliez pas qu'il grimpe là et se plier à vos exigences quand vous êtes présent(e), il ne comprendra pas pourquoi cela lui est défendu quand vous êtes absent(e). En général, les chats adultes font davantage attention à ne pas se brûler que les chatons.

Quelles solutions ?

Essayez de rendre les surfaces dangereuses moins accessibles, par exemple en laissant des objets dessus, ce qui découragera votre chat. Il s'agit même d'une nécessité si vous possédez plusieurs petits félins : en raison de l'étroitesse de leurs territoires respectifs, ils n'auront qu'une envie, celle de grimper à des endroits où ils se sentent en sécurité.

Offrez à votre chat un nouvel endroit bien à lui – un arbre à chat, par exemple – et laissez-le grimper sur des surfaces ne présentant aucun danger. Ne craignez pas de le désorienter un peu en lui autorisant l'accès à de nouvelles surfaces – qu'il ne tardera pas à adopter d'ailleurs.

Le pistolet à eau constitue parfois le meilleur moyen de dissuader les chats inconscients du danger. Dans l'esprit de votre animal, cet endroit précis que vous voulez lui interdire deviendra synonyme de risque d'arrosage !

Pour en savoir plus... 2 15 26 79 80 84

92 Quand le jeu tourne mal

Quand nous jouons avec notre chat, nous savons tous les deux que c'est uniquement « pour jouer » et qu'il y a des limites à ne pas dépasser. Nous essayons d'avoir des gestes doux, sachant que notre compagnon est plus petit mais possède de redoutables griffes. De son côté, le chat a conscience que nous sommes plus grands et plus forts que lui. Mais il arrive parfois que le jeu tourne à l'agressivité.

Le jeu tourne aux griffures et aux morsures

Votre chat joue tranquillement avec vous, puis soudain il saisit votre poignet avec ses membres antérieurs et vous donne des coups de pattes avec ses membres postérieurs. Il peut même essayer de vous mordre. Il s'agit d'un comportement défensif normal quand deux chats se battent : l'agressé est sur le dos et griffe le ventre de son agresseur avec ses pattes arrière. Il est compréhensible que le maître s'inquiète d'observer ce type de comportement chez son animal, sachant que c'est le plus souvent à cette occasion qu'il se fait griffer.

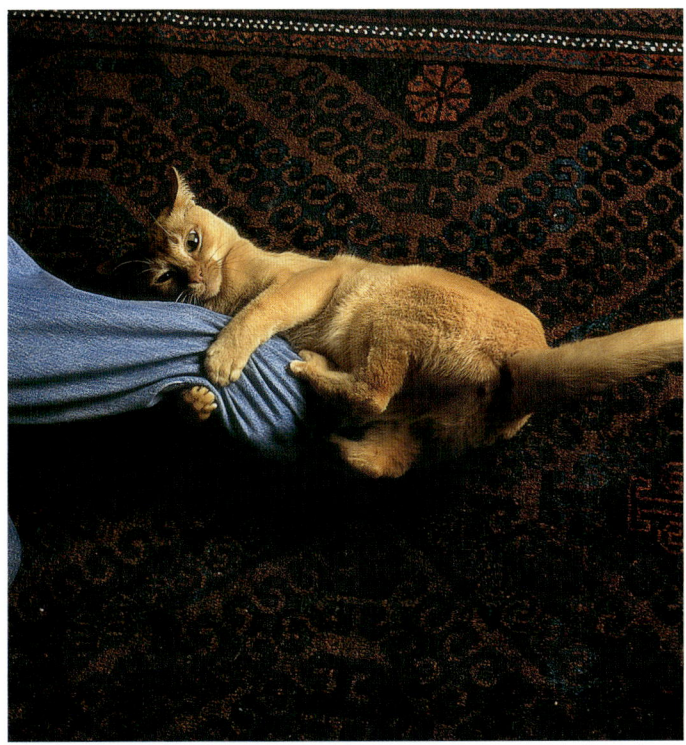

Pourquoi le jeu a-t-il dégénéré ?

Le jeu a excité le chat. Les griffures, les morsures et les coups de pattes surviennent quand l'animal se roule sur le dos et quand son maître essaie de lui chatouiller le ventre. Or le ventre est une zone extrêmement vulnérable en cas d'attaque. Instinctivement, le chat réagit à l'approche de votre main, puis au contact de vos doigts sur son ventre. Nous avons l'impression que notre chat a changé de comportement du tout au tout, mais lui aussi a cette impression. Pour lui, nous passons des tendres caresses qui lui rappellent les coups de langue de sa mère à une attitude menaçante, comme dans un véritable conflit.

Bien sûr, tous les chats ne réagissent pas à l'identique. Mais il semble que ceux qui ont été habitués au contact humain dès leur plus jeune âge soient plus confiants. De même, les chats dépendants sont moins sujets aux marques d'agressivité envers leur maître.

Savoir anticiper

Si votre chat commence à se montrer agressif, n'essayez pas de dégager votre poignet ou votre main, vous l'inciteriez au contraire à vous serrer davantage et à redoubler de coups de pattes. Relâchez totalement votre bras et votre animal va se calmer de lui-même. Profitez de l'instant où vous tentez de détourner son attention avec votre autre main pour vous libérer. Si vous savez anticiper le comportement de votre chat, vous éviterez plus facilement ses marques d'agressivité en stoppant le jeu avant qu'il ne tourne mal.

GRANDS ET PETITS MAUX

| Pour en savoir plus... | 37 | 40 | 49 | 50 | 79 | 93 |

93 Parfois plus Mr. Hyde que Dr. Jekyll

Après la souillure de la maison ou de l'appartement, l'agressivité est le second motif de consultation le plus fréquent. Les chats adultes du même foyer, en particulier ceux qui ont été élevés ensemble, s'amusent souvent ensemble. Néanmoins, il arrive que leur parties de jeu dégénèrent.

Les différentes formes d'agressivité

Les affrontements entre mâles, l'agression territoriale ou défensive, c'est-à-dire provoquée par la peur, constituent les problèmes comportementaux les plus pénibles rapportés par les propriétaires de chats. Cependant, l'agressivité affichée par une mère pour défendre ses petits contre un congénère trop inquisiteur est parfaitement justifiée et normale au vu du contexte. L'agressivité qui se retourne contre le maître se rencontre dans les foyers où la population féline est très dense. Le chat va se montrer agressif vis-à-vis de son propriétaire le plus souvent à l'occasion d'une consultation chez le vétérinaire. Tant qu'il est maintenu fermement et examiné par le spécialiste, il ne dit rien, mais dès qu'il est libéré de ce qu'il considère comme une source de danger, il peut griffer son maître. Si ce n'est pas la première fois, le propriétaire est en mesure d'anticiper cette agressivité pour l'éviter.

L'agressivité affichée pour intimider un congénère est fréquente dans les foyers à plusieurs chats, surtout au moment des repas. Certains auront peur de ne pas recevoir leur pitance et, invariablement, c'est le même individu qui va essayer d'en intimider un autre, toujours le même lui aussi. Ce type d'agressivité peut être considérablement réduit en nourrissant les chats dans des endroits différents.

Quelles solutions ?

Nourrissez vos animaux dans des écuelles séparées et, si possible, dans des endroits différents.

La castration est généralement efficace contre les affrontements entre mâles. Sinon, un traitement progestatif viendra à bout de leur envie de se battre.

L'introduction d'un nouveau chat ou chaton dans la maison est un événement très délicat à gérer. Il est préférable d'acquérir deux chatons qui grandiront ensemble et se comporteront l'un envers l'autre comme des compagnons de portée. Si vous faites entrer un nouveau venu dans le foyer, veillez à ce que le « petit nouveau » et l'occupant en titre aient le temps de s'apprivoiser (cf. page 108).

Pour en savoir plus... 42 43 48 50 64 71 84

94 Il se frotte sous votre aisselle

Nos aisselles contiennent des glandes odorantes qui sécrètent des odeurs sexuellement attractives. Aussi propre que vous soyez, elles gardent toujours une odeur résiduelle. Il n'y a donc rien d'étonnant à ce que les chats, dotés d'un sens olfactif très développé, y soient sensibles, d'autant que des études ont montré que même des êtres humains pouvaient identifier le sexe d'un congénère uniquement à l'odeur de sa sueur.

Ça sent bon la transpiration !

Les chats sont attirés par nos odeurs et ont tendance à se frotter contre nos aisselles. Ils commencent par nous renifler, puis fourrent leur menton et leur tête dans le creux de notre aisselle et y frottent leur nez. Si vous laissez faire votre animal, il va enfouir sa tête à cet endroit de façon répétée et s'y frotter ; il peut baver la bouche entrouverte, voire saisir vos vêtements entre ses dents. Si la peau de votre aisselle est accessible, il peut même s'amuser à tirer vos poils et lécher votre transpiration.

Ce comportement rappelle celui du chat qui renifle de l'herbe à chat et se frotte contre la plante, comme envoûté (cf. page 112). Si vous le caressez, même légèrement, pendant ce temps, il va lever son arrière-train et sa queue, comme si son instinct sexuel avait été éveillé. Si vous le laissez faire, il va continuer pendant une à deux minutes, puis délaisser vos aisselles. Cette attitude s'explique par la présence dans notre sueur (comme pour l'herbe à chat), d'une odeur excitante de nature sexuelle. Le chat pourrait aussi, paraît-il, rechercher l'odeur de lanoline présente dans les poils.

Son attrait pour les odeurs particulières des zones axillaire et génitale explique également pourquoi il aime se coucher sur les sous-vêtements de son maître, dormir avec, voire les pétrir. C'est aussi en raison de la douceur des vêtements, du confort qu'ils lui procurent et de l'odeur unique et rassurante de son maître présente dans les fibres. L'effet rassurant semble être primordial, car ce sont les chats dépendants qui sont les plus attirés par la chaleur des vêtements de leur propriétaire.

Comme vous êtes plus grand et plus fort que votre chat, vous pourriez très facilement l'empêcher de manifester ce type de comportement, mais ce serait dommage de priver votre animal d'un tel plaisir et… vos amis d'un spectacle aussi amusant et insolite !

Pour en savoir plus... 29 30 75 76 77

95 Des goûts parfois étranges

Si vous portez un pull, votre chat peut avoir envie de le pétrir avec ses pattes antérieures en ronronnant. Si votre pull est en laine, il peut même aller jusqu'à baver dedans et le sucer, attiré par l'odeur de la lanoline. Vous allez devoir mettre un terme à cette mauvaise habitude, sinon vous risquez de voir vos pulls se transformer en boules pleines de salive !

Pourquoi sucer la laine ?

Sucer la laine est un comportement qui semble répondre à une forte prédisposition génétique, certaines races tels le Siamois et le Burmese manifestant une « lainomanie » avérée. La majorité des chats sucent exclusivement la laine, mais quelques-uns se montrent également attirés par le coton et les matières synthétiques. Certains ont jeté leur dévolu sur des matériaux insolites comme l'élastique ou le papier. Il est même arrivé qu'un chat haret avale une petite boîte en métal ! Les causes de ces comportements étranges sont très variables. Par exemple, un chat adulte a pris l'habitude de mâchouiller du papier parce que le fond de son nid de chaton était garni de papier journal. Et il a fini par réduire en lambeaux tous les papiers, même les plus grands, qu'il trouvait dans la maison.

Le stress et l'ennui peuvent engendrer ce type de comportement, en particulier chez les chats qui ne sortent jamais et les chats anxieux et dépendants.

Même si cela peut vous paraître amusant, sucer régulièrement la laine ou d'autres matériaux insolites peut, à la longue, nuire à la santé de votre animal.

Quelles solutions ?

Agissez comme une mère qui veut empêcher son chaton de téter. Quand ses petits doivent bientôt être sevrés, elle diminue progressivement le nombre des tétées en se couchant sur son ventre ou en se levant pour s'en aller plus loin. Vous aussi éloignez-vous de votre chat lorsqu'il se met à vouloir sucer votre pull.

Laissez votre animal sortir plus souvent, surtout s'il est obligé de passer ses journées confiné à l'intérieur.

Essayez de jouer plus souvent avec lui. Un chat dépendant a besoin que son maître lui accorde plus de temps et d'attention pour se sentir rassuré ou qu'il laisse traîner des vêtements imprégnés de son odeur. Bien sûr, ce sont des solutions à court terme et les comportements de dépendance nécessitent des solutions à long terme.

L'utilisation de substances dont votre compagnon n'aime pas l'odeur n'est pas très efficace.

Essayez de modifier le régime alimentaire de votre chat. Il a été observé que des chats qui chassaient régulièrement étaient moins sujets à ce type de comportement obsessionnel. Par conséquent, offrez-lui une nourriture de texture naturelle, qui suscite suffisamment son intérêt.

Pour en savoir plus... 38 48 49 57 67 78 84

96 Quelles démonstrations d'affection !

Les chats peuvent se montrer très affectueux, ce qui n'est généralement pas pour nous déplaire, bien au contraire. Cependant, ils peuvent parfois se lancer dans des démonstrations d'affection exagérées, nous pétrir avec un enthousiasme débordant ou nous sucer le lobe de l'oreille.

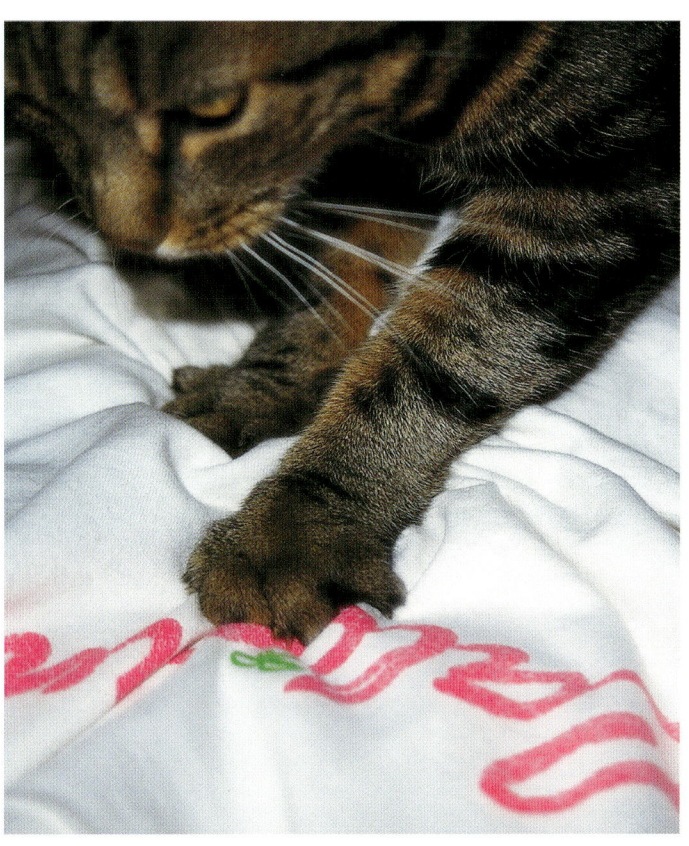

Aïe les griffes !

Quand vous êtes assis(e) en train de regarder la télévision, votre chat ne tarde pas à monter sur vos genoux et à vous pétrir en ronronnant. Ne vous inquiétez pas de ce comportement, il est normal chez les chats de compagnie qui revivent ainsi une partie de leur enfance, vous considérant comme leur maman. Dès son plus jeune âge, votre chat pétrissait le ventre de sa mère avec ses pattes, pressant les mamelles pour faire sortir le lait. Avec nous, qui sommes plus grands qu'eux et qui leur tenons chaud, les chats adultes se sentent comme des chatons contre leur mère. L'un des principaux inconvénients du pétrissage, c'est qu'il peut faire mal au maître ! Car qui dit pétrir dit risque de griffer ! Si vous portez des vêtements que les griffes ne peuvent pas transpercer, c'est parfait, mais si votre pull est en laine et si les griffes de votre animal sont bien affûtées, gare à vous ! La fréquence des pétrissages reflète généralement le caractère de votre compagnon et la relation qu'il entretient avec vous. Les chats anxieux et dépendants pétrissent beaucoup plus souvent que les chats confiants et extravertis.

Il prend votre oreille pour une sucette

Certains chats prennent l'habitude de sucer le lobe de l'oreille de leur maître comme d'autres de sucer la laine (cf. page 136). Ces deux comportements sont dits infantiles car ils dérivent de la période pendant laquelle le chaton tétait sa mère. À quel moment le chat vous suce-t-il l'oreille ? De préférence quand vous êtes couché(e), voire endormi(e). Les chatons sevrés trop tôt ou auxquels leur mère n'a pas donné assez de lait peuvent continuer à « téter » certaines parties du corps de leurs compagnons de portée. Ils deviendront probablement des chats adultes dépendants, enclins aux démonstrations d'affection excessives.

Que faire ?

Aucun de ces deux comportements n'est vraiment problématique. Mais s'ils vous gênent, ne soyez pas complice de votre chat, et n'acceptez pas d'entrer dans son jeu. Il vous suffit alors de vous lever et de vous éloigner de lui. Si vous acceptez qu'il retombe en enfance mais voulez éviter d'être labouré(e) par ses griffes, n'hésitez pas à les lui couper régulièrement. Vous pouvez aussi appliquer sur votre oreille un produit dont le goût lui déplaît afin qu'il évite de la prendre pour une sucette !

Pour en savoir plus... 34   38   57   77   95

97 Maître, j'ai un cadeau pour toi !

Même les inconditionnels des chats n'aiment pas voir leur félin rapporter une proie à la maison. Ils sont bouleversés par la mort d'un oiseau, mais soulagés d'être débarrassés d'un rongeur ! De plus, ils redoutent que la proie, une fois déposée à l'intérieur par le chat, se mette à voler ou à courir dans toute la maison si elle vit encore. Ils espèrent qu'elle aura la vie sauve à l'extérieur, mais la préfèrent morte à l'intérieur !

Un chasseur né

Le chat est un carnivore et, pour lui, capturer une proie n'a rien d'amoral. Encore faut-il qu'il ait été élevé en ce sens. Si vous avez un chat, sachez qu'il est né pour chasser. Si vous vivez en ville, vous lui limitez déjà beaucoup son terrain de chasse, puisque son domaine vital est restreint.

Il a été observé que les captures moyennes annuelles d'un chat « londonien » se limitaient à deux proies contre quatorze pour un chat « villageois ». Si le chaton que vous avez choisi a été élevé par une mère qui ne sortait jamais à l'extérieur (et qui n'a donc pas pu ou pas su familiariser ses petits avec les proies au cours du sevrage), il a peu de chance de devenir un bon chasseur.

Les résultats d'études menées à travers le monde devraient vous réconforter : les chats capturent beaucoup moins d'oiseaux que de petits rongeurs. De plus, nous soutenons artificiellement la population aviaire en nourrissant directement les oiseaux et en leur offrant des sites de nidification adaptés dans nos jardins ou nos bâtiments.

Que faire ?

Si votre chat est en train de jouer avec sa proie (cf. page 36), une utilisation judicieuse du pistolet à eau peut s'avérer efficace. Bien sûr, il ne doit pas savoir que c'est vous qui l'arrosez. Mais si vous employez cette technique dans la maison, vous risquez de voir la souris aller se réfugier derrière un meuble. Si c'est le cas, utilisez la méthode de la botte en caoutchouc. Comme les petits rongeurs ont tendance à courir le long des murs, disposez une botte à plat le long du mur, son ouverture du côté de la proie. La souris va immédiatement trouver refuge dans ce tunnel sombre. Vous n'avez plus qu'à saisir la botte et aller relâcher la proie dehors.

Les chats étant beaucoup plus habiles à capturer des oiseaux au sol que dans les arbres ou sur des mangeoires, nourrissez vos oiseaux en hauteur et rendez votre mangeoire moins accessible à votre félin (cf. page 40). Le temps est ici un facteur essentiel : plus votre chat mettra de temps à grimper, plus l'oiseau aura le temps de l'apercevoir et de s'envoler.

98 Chats en surpoids

On pouvait dire autrefois que les chats avaient rarement des problèmes alimentaires, contrairement aux chiens. Aujourd'hui, des études américaines révèlent qu'un tiers des chats de compagnie sont en surpoids, une tendance comparable à l'augmentation de l'obésité dans les populations humaines. Mais les États-Unis ne sont pas les seuls touchés : en Europe les problèmes de poids chez les chats sont de plus en plus fréquents.

Suralimentation et sédentarité

L'obésité chez le chat a deux causes principales : une suralimentation et une sédentarité croissante. En effet, les chats qui ne sortent jamais sont de plus en plus nombreux, d'où une activité insuffisante et un ennui de plus en plus profond. Les maîtres qui vont travailler laissent à la disposition de leur animal une trop grande quantité de nourriture pour compenser le sentiment de culpabilité qu'ils éprouvent à le laisser seul toute la journée. Le problème est aggravé par la présence sur le marché d'aliments fort appétissants et agréables au goût mis au point par les fabricants de nourriture pour chats dont l'objectif premier est, naturellement, l'augmentation de leur chiffre d'affaires. Ces aliments, s'ils sont mis à la disposition du chat, l'encouragent à trop manger. De plus, la multiplication des foyers à plusieurs chats ces dernières années engendre des tensions de plus en plus vives entre les animaux à l'heure des repas, certains, toujours les mêmes, ayant tendance à s'empiffrer, d'autres, toujours les mêmes également, à ne pas bénéficier d'une ration suffisante.

Si vous voulez connaître le poids idéal de votre chat, n'oubliez pas que certaines races comme le Maine Coon et le Ragdoll possèdent un gabarit naturellement important. Certains chats prennent du poids en avançant en âge et en devenant moins actifs, mais il semblerait que l'âge critique se situe autour de sept ans.

L'aspect pratique des aliments secs a contribué à leur succès, en particulier aux États-Unis. Néanmoins, il faut savoir que leur très faible taux d'humidité les rend plus concentrés sur le plan nutritionnel. Par conséquent, les rations distribuées au chat doivent être moindres. Malheureusement, la plupart des propriétaires donnent à leur animal des quantités de croquettes similaires à celles des aliments humides et se retrouvent avec un chat obèse. Il faut aussi savoir que les chats obèses de plus de huit ans ont un risque de mortalité trois fois supérieur à celui des chats de poids normal.

GRANDS ET PETITS MAUX

Quelles solutions ?

La quantité de nourriture que vous donnez à votre chat doit être adaptée à ses besoins.

Si l'obésité de votre compagnon est liée à son confinement, le meilleur remède consiste à lui donner libre accès au monde extérieur. Si c'est impossible, jouez plus souvent ou plus longtemps avec lui et offrez-lui un arbre à chat pour l'inciter à se dépenser physiquement.

Pour en savoir plus...   65   66   67   71   79   84

99 Il fait la fine bouche !

Tous les propriétaires de chats s'accordent à dire que ces animaux sont particulièrement difficiles à nourrir car très exigeants. Combien de fois votre chat a-t-il refusé de toucher à son assiette ? Et dans le bras de fer qui oppose le maître à son chat, c'est souvent notre cher félin qui a le dernier mot ! En réalité, les chats préfèrent la viande fraîche, mais il n'est pas toujours possible de leur en donner.

Têtu comme un chat, jusqu'à se mettre en danger

En ce qui concerne la nourriture, l'attachement du chat à telle ou telle marque témoigne de ses goûts bien marqués… et impossibles à modifier ! C'est d'ailleurs ce qui donne aux fabricants d'aliments pour chats l'avantage sur les distributeurs qui tentent d'introduire leurs propres marques dans les rayons. Des chats peuvent se laisser mourir de faim si ce qu'on leur propose ne leur convient pas. Véridique. D'où vient ce côté si intraitable du chat ? De leur enfance : ils acceptaient alors ce que leur mère leur rapportait et, une fois adultes, gardent leur préférence pour ce qu'ils mangeaient quand ils étaient chatons.

Votre chat a perdu l'appétit ?

Si votre chat, jusque-là bon mangeur, perd soudain du poids et de l'appétit, consultez immédiatement votre vétérinaire. Il peut souffrir d'un problème rénal. Si votre animal est âgé, surveillez étroitement son état de santé. S'il s'amaigrit et se met à baver plus souvent, peut-être souffre-t-il d'une infection gingivale ou perd-il ses dents. D'autres maladies, en particulier celles qui touchent l'odorat, peuvent détourner le chat de la nourriture. En effet, cet animal a besoin de sentir avant de goûter.

Quelles solutions ?

Ne nourrissez pas votre chat près de son bac à litière, cela risque de le rebuter.

Ne lui servez pas des aliments qui sortent du réfrigérateur, il n'aime pas la nourriture trop froide. Ce n'est pas seulement une question de sensation de froid sur la langue, mais les aliments plus chauds ont davantage d'odeur. Ses ancêtres mangeaient des proies à 37 °C, la température du corps, et le chat actuel a gardé cette préférence. Mais il est inutile de lui servir une nourriture supérieure à 25 °C, sauf s'il reste rebelle à tous les aliments qui ne font pas 37 °C !

Une nourriture laissée trop longtemps à l'air libre peut se détériorer, sécher ou attirer les mouches…

Pour habituer progressivement votre chat à de nouveaux aliments, mélangez à sa nourriture de faibles quantités de plus en plus importantes d'aliments auxquels il n'a jamais goûté.

Pour en savoir plus… **38 65 98**

100 Errance ou simple vagabondage ?

Il n'est pas possible de savoir si un chat qui erre dans les rues possède ou non un propriétaire, car certains chats quittent définitivement le domicile, d'autres découchent plusieurs nuits, possèdent de très grands domaines vitaux ou rendent visite à d'autres foyers. Mais le chat dont le propriétaire a déménagé et ne l'a pas gardé assez longtemps à l'intérieur du nouveau domicile pour le laisser s'habituer devient un chat égaré.

Pourquoi le chat fugue-t-il ?

L'envie de vagabonder peut aussi être provoquée par une surpopulation féline au sein d'un même foyer. Un ou plusieurs chats quittent alors la maison pour échapper au stress. C'est ce type de situation qui peut également pousser certains mâles à s'arroger soudain le droit de posséder des domaines vitaux beaucoup plus étendus qu'auparavant, voire d'une superficie beaucoup plus vaste que la normale.

Il arrive qu'un petit nombre de mâles règnent sur un domaine vital disproportionné, d'une superficie jusqu'à quatre fois supérieure à celle d'un domaine normal, tout au long de leur vie. Rien d'étonnant, dans ce cas, à ce qu'ils ne rentrent pas chez eux plusieurs nuits de suite. Ainsi, un Siamois mâle et son père affichaient tous deux un comportement similaire. Ce dernier avait été hérité génétiquement ou avait été appris. Ces deux chats pouvaient se montrer agressifs vis-à-vis des humains et possédaient un caractère affirmé.

Enfin, certains chats peuvent avoir plusieurs « maisons » où ils sont nourris. Et il arrive parfois que plusieurs foyers pensent que le chat leur appartient !

Quelles solutions ?

Si vous déménagez, gardez votre chat enfermé à l'intérieur du nouveau domicile pendant au moins une semaine avant de le laisser sortir librement. L'idéal est de le promener avec une longue laisse afin qu'il mémorise son nouvel environnement extérieur, et de laisser la porte d'entrée ouverte pour son retour. À son comportement de plus en plus confiant, vous saurez qu'il est prêt à sortir seul.

Évitez à votre animal les situations stressantes susceptibles de lui faire quitter le domicile (présence de congénères sous le même toit, ou divers dérangements).

La castration des mâles diminue généralement l'étendue de leur domaine vital et leur envie de vagabonder.

Un chat qui porte un collier et une médaille d'identification ou une puce électronique sous la peau risque moins d'être pris pour un chat errant en quête d'un foyer.

Si vous découvrez que des gens de votre quartier nourrissent aussi votre chat, pensant qu'il s'agit d'un chat errant, n'hésitez pas à en discuter avec eux pour mettre les choses au point – avec tact, naturellement.

GRANDS ET PETITS MAUX

Pour en savoir plus...   17   48   49   64   70

Index

Accidents domestiques 132
Accouplement 23, 50, 51, 52
Affrontements entre mâles 80
Affût 35
Alimentation 41, 102, 139, 140
Alimentation riche en protéines 41, 102
Aliments secs, aliments humides 102, 139
Allaitement 55
Allures 10
American Shorthair 96, 121
Anatomie 8, 9
Anœstrus 50
Aoûtats 123
Arbres à chat 116, 125, 126, 132

Bagarre 78-79
Bastet (déesse-chatte égyptienne) 48, 49, 90
Besoins en eau 102, 109
Boules de poil 45
British Shorthair 96, 121

Capacité d'apprentissage 20, 21
Caractère/personnalité 94
Cerveau 22
    Vue en coupe 22
    Vue supérieure 22
Chaleurs (voir œstrus)
Chamailler (se) 81
Chasse 35-40
Chasse aux oiseaux 38, 40, 138
Chasse aux petits rongeurs 39, 138
Chasseur 38-39, 40
    Initiation 22
Chat adulte 69
Chat âgé 109
Chat dépendant 76
Chat sauvage d'Afrique 18, 90
Chatières 32, 34, 105, 130
Chatons 54-63
    Apprendre à chasser aux 26, 35, 62
    Cri des 82
    Développement cérébral des 22
    Développement des oreilles des 71
    Évolution des 56, 57
    Reconnaître le sexe des 58
    Socialisation des 60, 75, 93
    Sommeil profond des 41
    Toilette des 54
    Types de jeu chez les 63
Chats à poil long et mi-long 98, 99
    Toilettage des 45, 103
Chats de compagnie 31
Chats de gouttière 94, 120, 121
Chats de race 94, 95, 120, 121
Chats et chiens 81
Chats harets 30, 31, 66, 67
    Contrôle des populations de 67
    Domaine vital des 30, 31, 66, 67
    Similitudes entre 67
    Structure sociale des 66, 67
Chaus 90
Colliers 106
Combat (les règles du) 80
Communication entre congénères 83, 85, 87
Communication entre le chat et l'homme 83, 85, 104
Comportement d'apaisement 68, 73
Comportement d'autodéfense 36
Comportement défensif ou offensif 74
Comportement territorial 21

Confinement 111, 121, 125, 128
Conflits territoriaux 77, 78, 80
Consanguinité 51
Croisements naturels 120, 121
Curiosité 26
Cystite 128

Défécation 129
Déménagement 101, 106, 141
Dentition 18
Dépendance 76
Diœstrus 50
Diversité génétique 51, 121
Domaine vital 30, 31, 32, 34, 40, 66, 67, 104
Domaines vitaux et sources de nourriture 21, 30, 31, 66, 67
Domestication 90, 91

Éducation 117
Égypte ancienne 48, 49, 90
Élevage sélectif 100, 121
Émotions (contrôle des) 23
Ennui 126
Équilibre 15
    Rôle de la queue (dans l') 12
Errance 141
Espérance de vie 109
Européen à poil court 96, 121
Euthanasie 109
Expressions faciales 70

Félinité 48
Féminité 48
Flair 16
Flehmen 17
Foyers multichats 108
Fraternité 59
Frottements 33
Frottements de contact 33

Génétique 27
Gestation 53
Goût 16
Grands félins
    Domaine vital des 66
    Ronronnement des 85
    Rugissement des 82, 83
Griffes 19
    Ablation des 111, 131
    Faire ses 33, 131
    Fonctionnement des 19
    Soins des 109
Gros dos 74

Herbe à chat 112
Hormones sexuelles 23, 50
Hypophyse 23
Hypothalamus 23, 24

Instinct 20, 21, 24, 26
    Influence de l'environnement (sur l') 21
    Inné et acquis 24
Instinct de prédation 35, 138
Intelligence 20

Jacobson (organe de) 17
Jets d'urine 17, 34, 110, 130
Jeu chez les chats adultes 69, 116, 133
Jouer 63, 72, 116, 133

Laisse et harnais 101, 106
Langage de la queue 73
Langage des oreilles 70, 71
Langage des yeux 23, 70, 87
Langage vocal 50, 51, 82-85
Litière 128

Mâchoires 18
Mâle ou femelle ? 58
Malpropreté 128, 130
Mangeoires 40
Maternité 48
Membres 10, 14
Mémoire 25
Messages à décrypter 83
    Colère 83
    Peur 83
    Souffrance 83
Mise bas 54
    Se préparer à 53
Moustaches 14
Mouvements des pupilles 13, 23, 70

Nouveau-nés 56-57, 71

Obésité 139
Odeurs attirantes 17, 33, 50, 52, 112, 135
Odorat 16, 17
Oestrus 17, 50, 86
Oreilles 15, 70, 71
Organe de Jacobson 17
Ouïe 15, 35

Parasites externes 122, 123
Parasites internes 124
Particularités (de la nature) 100

Pattes 19
Peau 14
Persans et chats à poil long 95, 98-100
Petites bagarres 70
Pétrissage 86, 137
Physiologie 12
Plantes toxiques 127
Positions agressives 70, 78, 79
Positions défensives 70, 78-81
Poux 123
Problèmes comportementaux 126, 128-131, 134
    Remèdes aux 117, 127, 130, 131
Problèmes rénaux 109
Pro-œstrus 50, 86
Proie 35
    Bondir sur 37
    Jouer avec 36
Puces 45, 122, 126
Pupilles 13

Queue 72, 73

Race 95
Rapports sociaux avec l'homme 60
Rapports sociaux entre congénères 68, 108
Réaction d'attaque ou de fuite 23, 70
Réflexe de Pavlov 25
Réflexe de retournement 12
Régulation des émotions 23
Relations chat/maître 60, 69, 92, 93, 95, 104, 113, 114, 134, 135, 137
Réveil 44
    Bâillements au 44
    Étirements après le 44
Rivalité 59

Ronronnement 82, 83, 85, 86, 137

Saut 11
Sevrage 57, 61
Sexe (reconnaître le) 58
Siamois et chats à poil court (race orientale) 95, 96, 98, 121
Socialisation 60, 75, 93, 95
Sons 82
Sommeil 41-43, 102
    Structure du 42
Souplesse 44, 45
Stérilisation 67, 110, 130, 134
Stress 75, 107, 125, 126

Territoire 30-32, 34
    Marquage du 33, 34, 68, 110
    Étendue variable du 21, 32
Tigre à dents de sabre 18
Timidité maladive 75
Tiques 123
Toilette 45
Toilette mutuelle 108
Toxoplasmose 124

Vaccination 110
Vagabondage 141
Végétaux 127
Vers plats 122, 124
Vers ronds 124
Vision des couleurs 13
Vision nocturne 13
Voyages 107
Vue 13

Yeux 13, 70

Qui est l'auteur ?

Considéré comme l'un des plus grands spécialistes mondiaux des chats, le naturaliste et biologiste Roger Tabor a conçu et présenté de célèbres émissions télévisées sur ces petits félins, *Cats* et *Understanding Cats*, à la BBC qui ont été diffusées aux États-Unis et dans d'autres pays du monde. Roger Tabor a participé à de nombreuses émissions de télévision et ses talents d'écrivain ne sont plus à démontrer. Les livres dont il est l'auteur ont toujours rencontré un vif succès et ont été maintes fois récompensés. Il est également reconnu pour avoir été l'un des premiers à étudier les chats harets des milieux urbains et il mène depuis plus de trente ans des travaux destinés à mieux comprendre leur comportement et leurs relations avec leur environnement. Voyageur infatigable, il a observé les chats dans plus de vingt-cinq pays à travers le monde. Photographe de talent, il est l'auteur de la plupart des photographies de ses livres.

Remerciements

Je tiens à remercier celles et ceux qui travaillent à mes côtés depuis de nombreuses années et qui ont participé à la création de ce livre. Je ne peux remercier tout le monde, mais je sais que les personnes que je n'ai pas pu mentionner ici ne m'en tiendront pas rigueur.

Je remercie Dick Meadows et ses collègues de la BBC, John Bowe, Colin Tennant et leurs collègues de Bowe-Tennant Productions, the University of East London, White Notley Cats Protection et Cats Protection, Doris Westwood et the Fitzroy Square Frontagers & Garden's Committee, Mary Wyatt, Mike Jackson, Becky Robinson & Alley Cat Allies, l'UFAW, le GCCF, le TICA, le musée du Caire, le British Museum, Debbie Rijnders & Stichting de Zwerfkat, Venice DINGO, Joan Hodge, Stuart Baldwin et je remercie tout particulièrement Alan Hatch, chirurgien-vétérinaire.

Je remercie également Charlotte, Bob & Vally Hudson, Phillipa Spalding, Michael Harding, Mike Sutton, Robin & Georgie Kiashek, Rachel & Ralph Cooke, Sue Sanderman, Solvig Pfluger, Norman, Janet, John, Vikki & Milli Collins, Ken Tabor, Callie & Lauren Doherty, Ed & Malee Rose, Jean Murchison, Dawn Guliver, Steve & Margaret Cuthbert, Jean Renny, Rosie Alger & Barrie Street, Mira Bar-hillel & Geoffrey Addison, Diane Slater, Jackie & Barry Wood, Anne Bailey, Bernice Mead, Barbara Castle… et tous les chats et propriétaires de chats qui m'ont aidé dans mes travaux, en particulier mes propres chats Jeremy, Tabitha et Leroy. Un grand merci à Angela Weatherley, à Jane Trollope et à l'équipe de David & Charles. J'adresse un merci tout particulier à Liz Artindale pour son aide précieuse et son formidable soutien, ainsi que pour ses magnifiques photographies qui sont venues compléter les miennes.

N'hésitez pas à consulter le site Internet www.worldofcats.net pour des informations supplémentaires sur les chats et Roger Tabor.

Crédits photographiques

Toutes les photographies sont de Roger Tabor, excepté les suivantes :

h = haut, b = bas, c = centre,
g = gauche, d = droite

Liz Artindale : p. 6-7, 8-9, 13 bd, 14, 15, 16 h, 17, 18 d, 20 g, 21 h, 23 d, 24, 44 cd, 48, 58, 63, 68, 76 g, 82 d, 85, 86, 87 d, 92 g, 96, 97 excepté hc, 98 bd, 99 excepté bd, 102 g, 103, 105 g, 106 d, 107, 108 g, 110, 117, 123, 126 g, 131 g, 133 g, 135, 137 g.
John Bowe/ Bowe-Tenant Productions avec Roger Tabor : p. 37, 38-39, 51 excepté hd, 70 dh et db.
Michael Harding : p. 95 h.
Mike Sutton : p. 132 d.
Dessins de Eva Melhuish.